AF220896

Jürgen Reichstein

Minuszinsen-na und!

Über den Autor: Jürgen Reichstein, Jahrgang 1968, ist als gelernter Bankkaufmann seit drei Jahrzehnten im Finanz- und Bankensektor tätig. Als European Businesscoach und Vertriebsberater berät er aktuell Banken zu den Themen Investment und Geldanlage für deren Bankkunden und verfügt über einen großen Erfahrungsschatz von mehreren tausend Beratungsgesprächen. Die hieraus gewonnenen Erkenntnisse gibt er in diesem Buch wieder.

Jürgen Reichstein

Minuszinsen – Na und!

Keine Angst vor Minuszinsen

Bibliografische Information der Deutschen Nationalbibliothek: Die Deutsche Nationalbibliothek verzeichnet diese Publikation in der Deutschen Nationalbibliografie; detaillierte bibliografische Daten sind im Internet über dnb.dnb.de abrufbar.

Herstellung und Verlag: BoD – Books on Demand, Norderstedt

ISBN: 978-3-7519-5688-8

Inhaltsverzeichnis:

Einleitung

Als ich 1992 meine Ausbildung zum Bankkaufmann absolvierte, nahmen wir schon damals in der Berufsschule das Thema Nullzinsen bzw. Minuszinsen durch... für ganze 90 Sekunden! So abwegig war damals die Vorstellung, dass wir einmal keinen Zins oder sogar Negativzinsen bekommen könnten! Wie wir alle heute wissen, hat uns die Realität schon längst eingeholt. Ich selbst und meine Bankkollegen haben damals nie damit gerechnet, dass es mal soweit kommen könnte…

Heute fast 30 Jahre später bin ich beruflich als Vertriebsberater und Spezialist für Investment und Geldanlagen für Banken und deren Kunden unterwegs. Eine meiner Aufgaben ist es, die Berater im Beratungsprozess zum Thema Geldanlage und Anlageberatung vorzubereiten und zu begleiten. Auf diesen Erfahrungswerten von nunmehr 13 Jahren in denen ich diese Tätigkeit ausübe, basieren die Erkenntnisse in diesem Buch! Ich möchte Ihnen genau diese Erkenntnisse, Erfahrungen und Lösungsmöglichkeiten, welche ich aus mehreren tausend Beratungsgesprächen gewonnen habe in diesem Werk ein Stück weit näherbringen!

Es wäre für mich sehr zufriedenstellend, wenn Sie von der Lektüre auch bei Ihrer persönlichen Geldanlage profitieren könnten!

Ich möchte aber auch darauf hinweisen, dass es mir fern liegt und auch nicht möglich ist, mit diesem Buch eine komplette Anlageberatung, wie Sie sie bei ihrer Bank oder ihrem Vermögensberater erhalten können zu ersetzen! Sehen Sie das Ganze als einen informativen Ratgeber, um sich einen Gesamtüberblick zu beschaffen und daraufhin die richtige Anlagestrategie für sich selbst abzuleiten. Ich werde auch nicht zu sehr in die Details gehen, oder Sie mit Fachchinesisch langweilen. Ich habe deshalb versucht meine Ausführungen sehr einfach und verständlich zu halten. Dieses Buch ist vor allem für Leser gedacht, welche eben nicht vom „Fach" sind oder sich als Kapitalmarktspezialisten sehen. Es ist für den normalen Bankkunden geschrieben worden. Wir alle sind über die Entwicklung der Zinsen mit dieser extremen Entwicklung überrascht! Dennoch kann ich Ihnen versichern, ist die Lage nicht hoffnungslos...

In diesem Buch werde ich Ihnen nicht nur erklären wie es zu so einem extremen Rückgang der Zinsen kommen konnte und welche Möglichkeiten Sie jetzt haben.

Ich werde Ihnen auch beschreiben, welche Dinge sie unbedingt bei Ihrer Geldanlage mit in Betracht ziehen sollten und Ihnen aufzeigen, warum Sie ihre bisherig gewohnte Denk- und Vorgehensweise zum Thema Geldanlage gegebenenfalls noch einmal überdenken sollten.

Seien Sie also gespannt, was sie alles in diesem Buch erwartet...

Kapitel 1

Wie alles begann und wie es soweit kommen konnte!

Es war im Sommer 1990, die Sonne schien fast ununterbrochen, im Radio liefen Sinead O'Connor und Phil Collins und der Zins für Sparbücher mit gesetzlicher Kündigungsfrist lag bei Durchschnittlich 3,5 Prozentpunkten. Die Umlaufrendite (also die durchschnittliche Rendite aller im Umlauf befindlichen festverzinslichen Wertpapiere) bei rund 7,5 Prozent.

Schöne alte Zeit... Gehen Ihnen manchmal auch noch solche Gedanken im Kopf herum und Sie schwelgen in diesen Erinnerungen? In der Berufsschule für Bankkaufleute lernten wir damals, dass der sogenannte „Spareckzins", das ist sozusagen der Grundzins oder auch ein Orientierungszins für Spareinlagen, bei 3,5 % liegt und eigentlich „nie" unter die 3 % - Marke fallen wird.

Eigentlich...

Die Inflation (also der Verlust der Kaufkraft) lag in dieser Zeit übrigens bei rund 2,6%. Seit dieser Zeit sind die Zinsen bis heute stark gefallen. Und Ich kann sie an dieser Stelle schon mal beruhigen: Es kommt noch schlimmer!

Aber wie konnte es soweit kommen? Lassen sie uns das mal ein Stück weit näher betrachten.

Am 01.11.2011 übernahm ein gewisser Herr Mario Draghi die Präsidentschaft der Europäischen Zentral Bank – EZB. Schauen wir einmal auf die Zeit seiner Wahl zum EZB-Präsidenten. Zunächst einmal hatten wir ja noch die Folgen des Jahres 2008 zu verarbeiten, bei dem die US-Immobilienwirtschaft zusammenbrach und die daraus resultierenden Konsequenzen für uns alle. Und ausgerechnet im Jahr 2011 war das Jahr in dem uns Griechenland mitteilte, dass es seinen Zahlungsverpflichtungen nicht mehr nachkommen kann. Auch der Euro war dadurch in Gefahr. Trotz allem entschied sich die EZB erst einmal den Leitzins in der EU (leicht) anzuheben. Doch als die Probleme für unsere Nachbarn in der südlichen EU immer größer und vielschichtiger wurden, schwenkte die EZB um und senkte die Zinsen bis auf das heutige Niveau.

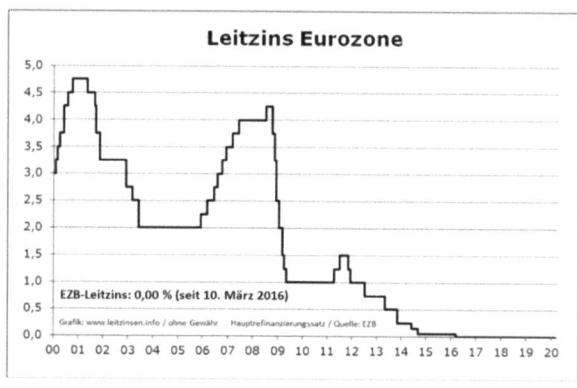

(Quelle: www.leitzinsen.info am 09.06.2020)

11

Doch warum ging die EZB so vor?

Wenn Sie schon mal einen Kredit aufgenommen haben, wollten Sie ihn doch sicherlich so günstig wie möglich haben und so schnell wie möglich zurückzahlen. Genau das ermöglicht die EZB mit dieser Maßnahme den EU-Staaten. Indem die Zinsen auf 0 gesenkt werden (bzw. er sich sogar im Minus befinden) und die Inflation hochgehalten wird – das erklärte Ziel der EZB ist dauerhaft 2,0 % Inflation – können sich die EU-Mitgliedsstaaten günstiger und schneller entschulden. Ja, so einfach ist das im Grunde genommen...

Natürlich spielen bei dieser geldpolitischen Strategie auch noch weitere Faktoren eine Rolle. Beispielsweise wird so der Konsum angeregt, da die Menschen ihr Erspartes lieber ausgeben, als mit 0 % anzulegen.

Ebenfalls nehmen auch die Unternehmen und Privathaushalte eher Kredite auf, den die Banken nur allzu gerne vergeben, da das Zinsniveau so günstig wie nie zuvor in der Geschichte der EU ist. Für die Banken ist das natürlich wesentlich attraktiver einen Kredit mit 1,x % herauszugeben, als das Geld zu -0,5 % bei der EZB anlegen zu müssen, wozu sie für einen Teil ihrer Einlagen verpflichtet sind.

Wie Sie sehen können, sind die Gründe vielschichtig und man könnte aus Sicht der EZB für diese Maßnahmen sogar Verständnis aufbringen.

Für Sie als Anleger und Sparer sind diese Maßnahmen natürlich weniger angenehm, und Sie könnten den Eindruck haben, dass diese ganze Problematik auf Ihren Rücken ausgetragen wird. Da haben Sie natürlich recht, aber all unser Jammern bringt uns natürlich auch nicht weiter. Wir sollten uns eher mit dieser Situation so schnell und so gut wie möglich auseinandersetzen. Denn eine Besserung ist so schnell nicht in Sicht, wie wir uns im folgenden Abschnitt einmal anschauen werden.

Kapitel 2

Japaner können länger – wir auch?

Was denken Sie persönlich, wie lange uns die Minuszinsen noch begleiten werden?

Zwei Jahre? Fünf Jahre? 10 Jahre oder länger? Natürlich können wir alle nicht in die Zukunft schauen. Ich möchte Ihnen dennoch ein paar Aspekte aufzeigen, welche darauf schließen lassen, dass uns dieses Thema noch eine längere Zeit beschäftigen wird, möglicherweise sogar über viele Jahre hinweg.

Um welchen Chart könnte es sich hierbei handeln?

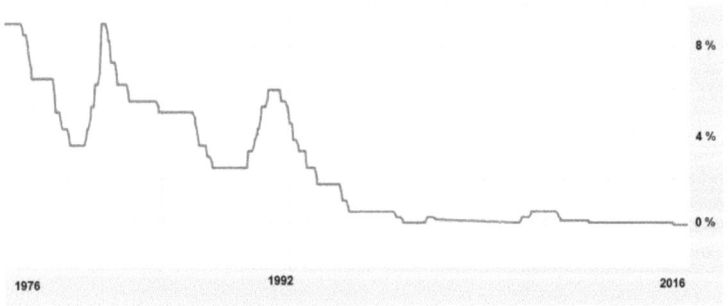

(Quelle: eigene Grafik aufgrund von Zinsdaten am 03.05.2020)

14

Ja, es ist ein Zinschart.

Nein es ist nicht die EU.

Es ist Japan.

Lassen Sie uns das einmal näher beleuchten:

Im Februar 1999 senkte die japanische Notenbank unter dem damaligen Chef Masaru Hayami zum ersten Mal die Zinsen auf null Prozent. Im März 2001 begann die Notenbank dann mit Ihrem Gelddruckprogramm und In der Folgezeit wurden die Programme immer weiter aufgestockt. Am 29. Januar 2016 senkte die Notenbank dann die Leitzinsen auf minus 0,1 Prozent, seitdem gibt es in Japan Minuszinsen.

Japan hat also bereits seit über 20 Jahren Nullzinsen! Und seit 4 Jahren sogar Minuszinsen. Und die Zinsen ab 1995 waren ebenfalls alles andere als üppig.

Kann also so eine Periode mit Nullzinsen bzw. negativen Zinsen auch bei uns so lange dauern?

Naja zumindest haben sich die Japaner schon lange an diesen Zustand gewöhnt.

Warum also sollten wir das nicht auch können?

Zumindest sehen es so die Verantwortlichen der EZB. Herr Draghi machte die Vorarbeit und nachdem der EZB-Präsident nur für maximal 8 Jahre gewählt werden kann, wurde am 01.11.2019 die ehemalige Direktorin des Internationalen Währungsfonds (IWF) Christine Lagarde zur Nachfolgerin gewählt. Schon beim IWF war Frau Lagarde als strenge Währungshüterin bekannt. Von ihr soll übrigens gerüchteweise die Aussage stammen, dass wir ja schließlich auch mit einem Minuszins von 2 % gut leben könnten. Na dann wissen wir ja jetzt, was uns erwartet.

Aber ganz so einfach ist es für die EZB eben auch nicht. Schon eine Zinssteigerung um nur 0,5 % hätte zur Folge, dass die Mitgliedstaaten der EU einen hohen zweistelligen Milliardenbetrag im Jahr an Zinsen mehr bezahlen müssten. Branchenkenner sprechen hier von rund 60 Mrd. Euro mehr an jährlichen Zinszahlungen für alle EU-Staaten. Und nun frage ich Sie: wie soll das ein Land wie beispielsweise Italien, Spanien, Portugal oder auch Griechenland bezahlen? Auch wenn auf diese Länder „nur" ein paar Milliarden Euro fallen, so ist dies doch kaum vorstellbar. Wahrscheinlich würde sich sogar Deutschland mit so einer hohen Mehrbelastung schwertun. Und das ist nur ein Aspekt dieser Geschichte. Dazu kommen noch viele weitere wirtschafts- und geldpolitische Faktoren, welche es der Europäischen Zentralbank praktisch unmöglich macht, die Zinsschraube wieder nach oben zu drehen.

Ich werde wie schon gesagt nicht zu sehr ins Detail gehen, aber denken Sie doch nur mal an die ganzen Unternehmen oder Häuslesbauer, wenn sie diese höheren Zinsen dann auch wieder bezahlen müssten.

Alles gar nicht so einfach, nicht wahr?

Sie sehen, das Thema Nullzinsen wird uns wahrscheinlich noch sehr lange beschäftigen. Und das ist leider noch nicht alles. Zahlen bisher nur die Kreditinstitute an die EZB Minuszinsen in Höhe von minus 0,5 % kommt man bei der Betrachtung aller Fakten und Entwicklungen zu der klaren Schluss-folgerung, dass wir noch in diesem Jahr (2020) Minuszinsen für private Anleger bekommen werden.

Wahrscheinlich bei den meisten Banken. Nein, eigentlich bei allen Banken! Wie ich darauf komme?

Nun ja, nehmen wir mal an in Ihrem näheren Umfeld gäbe es eine Bank, welche keine Minuszinsen verlangen würde. Was denken Sie passiert dann bei dieser Bank? Richtig! Sie hätte einen riesigen Zulauf von enttäuschten Bankkunden, welche bei ihren Hausbanken Minuszinsen oder ein sogenanntes Verwahrentgelt bezahlen müssten. Und wo muss diese eine Bank ohne Minuszins all das Geld welches sie nicht anderweitig verwenden kann anlegen? Bei der EZB zu – 0,5 % Zins! Wie lange hält das eine Bank aus?

Gar nicht, denn die meisten Banken kämpfen jetzt schon mit größeren Ertragseinbrüchen und könnten sich einen solchen Zulauf an Geldmitteln nicht erlauben.

Das ist der Grund, weshalb vermutlich alle Banken den Negativzins an Ihre Kunden weitergeben werden.

Und was können Sie dagegen tun, wie geht es nun weiter? Dafür halten Sie ja dieses Buch in den Händen und wir kommen im weiteren Verlauf noch hinreichend darauf zu sprechen.

Vorher müssen wir jedoch noch eine weitere Komponente in dieser Gesamtbetrachtung mit hinzuziehen: die Inflation.

Kapitel 3
Und täglich grüßt die Inflation!

Wenn Sie 2019 bei Ihrer Hausbank Geld auf ein Festgeldkonto oder Sparbuch angelegt haben, hatten Sie in etwa einen Zins von 0,01 %. Das ist genau ein Euro Ertrag. Stellen Sie sich diesen Euro bitte einmal bildlich vor. Und nun bitte ich Sie sich ein 50 Cent Stück bildlich vorzustellen. Was möchte ich Ihnen mit diesem 50 Cent Stück zum Ausdruck bringen? Das ist der Betrag den Sie aufgrund der Inflation von Ihren 10.000 Euro verlieren... PRO TAG!

Pro Tag... und Sie nehmen gerade einmal einen Euro im Jahr ein. (Für die Mathematiker unter Ihnen: 10.000 Euro bei 2 % Inflation = 200,- p.a. geteilt durch 365 Tage = 54,8 Cent pro Tag!).

Nun sagen Sie mir, wie das mit dem Erhalt Ihres Geldes oder gar einer Vermehrung funktionieren soll?

Ein weiteres Beispiel ist die sogenannte 72-er Formel. Das ist eine einfache mathematische Formel: 72 geteilt durch den Zins = die Anzahl der Jahre in der sich das Geld verdoppelt. Denken wir an die gute alte Zeit, als es noch 6 % Zinsen gab.

Folgende Rechnung ergibt sich dann mit der 72-er Regel: 72/ 6 = 12 Jahre. Das heißt, mein Kapital welches ich mit 6 % anlege habe ich nach dieser Faustfomel nach rund 12 Jahren verdoppelt.

Und wie sieht das Ganze heute aus? Naja, tun wir mal so als ob Sie noch einen „Sonderzins" mit 0,1 % bekommen würden. Daraus ergibt sich folgende Rechnung: 72/0,1 = 720 Jahre. In Worten: siebenhundertzwanzig Jahre! Und nicht nur das, wenn wir nun 72 durch 2 Prozent Inflation teilen, haben Sie Ihr Kapital nach 36 Jahren kaufkraftmäßig halbiert. Also nochmal, wie soll das funktionieren? So jedenfalls nicht! Erkennen Sie, dass Sie eventuell handeln sollten, wenn Sie Ihr Kapital einigermaßen erhalten wollen? Dieser Verlust durch die Inflation sah in den letzten Jahren wie folgt aus:

(Quelle: www.tagesgeldvergleich.com/Inflation-Inflationsrate, Datenquelle: Statistisches Bundesamt am 09.06.2020)

Wie Sie sehen, war die Inflation in den letzten 28 Jahren im Schnitt so um die 2 %. Die aktuelle Zielinflation der EZB beträgt genau diese 2 %. Sie wissen ja, dass die EU-Staaten sich damit viel schneller entschulden können. Denn je höher die Inflation, desto weniger Schulden muss man zurückzahlen. Nun kann man anführen, dass es ja beispielsweise 1992 auch höhere Zinsen gab. Das ist richtig. Wenn ich z.b. 1992 rund 8 % Zinsen auf dem Festgeldkonto bekommen habe, habe ich dennoch bei einer Inflationsrate um die 6 % eine REALVERZINSUNG von rund 2 %. Auf den Sparbüchern gab es seinerzeit ungefähr 3-4 %. Damit war die Realverzinsung auf dem Sparbuch negativ.

Die Realverzinsung war übrigens in den letzten 45 Jahren fast immer negativ, sodass wir in den letzten Jahrzehnten eigentlich keine Chance hatten unser Vermögen zu erhalten oder sogar zu vermehren.

Und auch das ist wieder einmal nicht die ganze Wahrheit. Hierbei handelt es sich um die offizielle Inflationsrate, welche durch einen repräsentativen Warenkorb berechnet wird. Doch wie sieht es mit Ihrem persönlichen Warenkorb aus? Haben Sie nicht auch das Gefühl, dass das für Sie so nicht zutrifft? Eine Preis-verdopplung alle 35-36 Jahre? Wenn ich mir alleine schon die Preisentwicklung für Lebensmittel und der teurer werdenden Lebenshaltung anschaue, komme ich zu dem Schluss, dass die Halbierung meiner Kaufkraft schneller geht und ich eine höhere Inflationsrate habe.

Es fühlt sich eben viel höher an als „nur" 1,5 bis 2 % im Durchschnitt. Vor der Einführung des Euros habe ich noch für 20 DM einen vollen Einkaufswagen bekommen. Fünf Jahre nach der Euroeinführung waren es schon 20 Euro (also knapp 40 DM) für den (fast) vollen Einkaufswagen und heute bekomme ich mit 20 Euro gerade noch das Notwendigste für eine halbe Woche.

Natürlich werden Dinge teurer, aber gefühlt eben schneller als bei einer Verdopplung alle 35 Jahre. Ich habe meine persönliche Inflationsrate einmal selbst berechnet. Sie liegt bei rund 4,3 %. Ich kann mir vorstellen, dass Ihre persönliche Inflationsrate in einer ähnlichen Größenordnung liegt!

Es wird, wie schon gesagt, für Sie extrem schwierig unter diesen Voraussetzungen Ihr Kapital zu erhalten oder gar zu vermehren. Und somit sollten Sie sich langsam damit anfreunden für Ihre Geldanlage andere Wege einzuschlagen und für Alternativen offen zu sein.

Ansonsten wird Ihr hart verdientes oder erspartes Kapital in Rekordzeit vernichtet werden. Denn wie wir gesehen haben, wird uns das Thema Null- und Minuszinsen noch eine ganze Weile beschäftigen und somit noch länger erhalten bleiben. Die Japaner kommen mit dieser Situation auch schon sehr lange zurecht.

Aus meiner Erfahrung von mehreren tausend Anlagege-
sprächen, bei denen ich Bankberater bei Ihren Kunden
begleitet habe, kann ich Ihnen berichten, dass den meisten Kunden dieser Zustand der Geldvernichtung absolut
bewusst ist. Das sah vor drei bis vier Jahren noch ganz anders aus. Dort erwarteten viele Kunden noch eine kurz-
fristige Erholung an der Zinsfront und somit steigende
Zinsen. Doch davon sind wir aktuell leider sehr weit ent-
fernt.

Kapitel 4

Minuszinsen + Inflation = Geldentwertung im Rekordtempo!

Wir haben uns gemeinsam angeschaut, wie es zu den Null- und Minuszinsen kommen konnte und welchen Einfluss die Inflation auf diese Situation hat. Sie erinnern sich noch an die 72er-Regel? Sie erinnern sich ebenfalls daran, dass wir bei meinem Rechenbeispiel mit 0,1 % Zins gerechnet haben? Mit dem Ergebnis von rund 720 Jahren! Bei einem aktuell realistischen Zins von 0,01 % wären das sogar 7.200 Jahre. Ja da braucht es schon einen guten Hausarzt um das Ganze noch zu erleben...

Zurück zum Ernsthaften: Was glauben Sie wie lange sie erst einer Geldvermehrung hinterherrennen, wenn Inflation und Minuszins zusammenwirken? Oder genauer gesagt, wie lange es dauert bis ihr Kapital vernichtet ist? Sie wissen ja bereits, dass sich bei einer Inflation von 2 % Ihr Vermögen in rund 36 Jahren halbiert hat. Kommt nun auch noch ein negativer Zins dazu haben Sie eine Geldentwertung im Rekordtempo. Würden wir einen Negativzins von 0,5 % annehmen, so halbiert sich Ihr Kapital bereits nach etwas mehr als 28 Jahren. Also rund 7 Jahre früher! Bei diesen ganzen Berechnungen hilft mir persönlich übrigens die frei zugängliche Webseite zinsen-berechnen.de sehr weiter.

Das soll jetzt keine Werbung für diese Seite sein, aber sie ist wirklich sehr hilfreich bei sämtlichen kauf-männischen Berechnungen. Sie können auf dieser Seite all die besprochenen Themen wunderbar noch einmal selber ausrechnen.

Denken Sie auch einmal über das Thema vererben nach. Was werden Sie Ihren Erben noch an Barvermögen hinterlassen, wenn sich Ihr Kapital in weniger als einer Generation halbiert? Wie gesagt reden wir hier vom Barvermögen und Sie werden in der Regel auch andere Vermögenswerte weitervererben. Aber für Ihre Geldkonten wie Festgelder und Sparbücher trifft das eben in aller Härte zu. Ihre Erben werden sich auch mit diesen Themen auseinandersetzen müssen, haben aber vielleicht schon vorher gelernt damit umzugehen, weil sie in diese Situation hineinwachsen oder mit ihr groß werden.

Dieser Geldentwertungsturbo wird Sie also in kurzer Zeit immer mehr um Ihr Erspartes bringen. Wollen Sie das einfach so geschehen lassen? Oder sind Sie offen für neue Wege? Ich bin mir sicher, dass Sie langsam die Zusammenhänge immer besser verstehen und erkennen, dass Sie Ihre gewohnten Pfade beim Thema Geldanlage vielleicht verlassen sollten.

Dazu sollten wir aber vorher noch einen Blick auf Ihr Mindset und Ihre Einstellung werfen.

Kapitel 5
Überdenken Sie Ihre Denkmuster bei der Geldanlage!

Werfen wir nochmal den Blick zurück in die 80er und 90er Jahre, als die Welt der Zinsen noch in Ordnung war, zumindest auf der Anlegerseite. Wie liefen damals die Bankgespräche ab? „Machen wir einfach die gleiche Anlage nochmal!" waren so typische Aussagen damals. Man musste sich keine großen Gedanken machen und hat einfach die ausgelaufene oder fällige Anlage verlängert. Meistens genauso wie das Geld vorher angelegt war. Manchmal konnte man auch bestehende Anlagen zu besseren Konditionen umtauschen. Oft bewegte man sich im Festgeld oder im Sparbuchbereich und das reichte ja auch schon aus. Bei 4-6 % Zinsen und höher war das ja auch kein Problem. Alles easy going. Ich erinnere mich noch an meine Zeit als Azubi bei der Bank als im am Bankschalter stand und die Kunden mit verfügbarem Geld zu mir kamen. „Was gibt es für einen Zins?" bzw. „Wieviel zahlt ihr mir?" waren damals gängige Fragen...

Heute sieht die Fragestellung zum Thema Geldanlage natürlich anders aus. Es kommen eher Aussagen wie „Naja es gibt ja eh nix mehr!" oder „Man braucht sein Geld eh nicht mehr anzulegen!".

Das kommt Ihnen soweit bekannt vor? Bedenken Sie, dass es im Prinzip jedem Bankkunden so geht!

Also was können Sie tun? Die Antwort lautet zunächst einmal: Überdenken Sie Ihre Denkmuster bei der Geldanlage! Ändern Sie Ihr Mindset! Gehen Sie weg von Ihrer guten alten Vorstellung, es muss wieder genauso gemacht werden wie vorher. Es hat sich alles verändert. Alles. Also versuchen Sie doch auch Ihre Einstellung zu diesem Thema zu verändern. Als Belohnung winken Ihnen wieder Erträge und Zinsen bzw. zumindest die Chance hierauf. Mit der richtigen Strategie, Mischung und Struktur werden Sie aber genau das wieder erreichen. Erträge bei gleichzeitig überschaubaren Risiken. Keiner verlangt von Ihnen Ihr ganzes Vermögen zum Beispiel in Aktien oder Rohstoffe zu investieren. Wenn Ihnen das nicht behagt, dann machen Sie es auch nicht. Zumindest nicht für den Großteil Ihres Kapitals. Es gibt genügend Möglichkeiten für Sie, ohne groß ins Risiko gehen zu müssen. Aber ich muss ihnen auch sagen, dass es ganz ohne Risiken auch nicht gehen wird. Die müssen aber nicht hoch sein, um damit wenigstens die Inflation zu schlagen oder zumindest auszugleichen. Ich habe in einigen Kundenterminen erlebt, dass z.B. das Thema „Investmentfonds" kategorisch abgelehnt wird. Obwohl es heutzutage eine Vielzahl von Investmentfonds gibt, welche in alle möglichen Anlageklassen investieren können. Ein Investmentfonds heißt nicht gleich ein Investment in Aktien. Das KANN es heißen, aber mittlerweile ist das sehr vielschichtig geworden.

So gibt es neben den Mischfonds, welche in Aktien, fest-verzinsliche Wertpapiere (sogenannte Rentenpapiere) und weitere Anlagemöglichkeiten investieren. So gibt es beispielsweise auch Immobilienfonds, Goldfonds, oder Fonds mit Spezialthemen wie Wasser oder Nachhaltig-keit. Gerade ein Immobilienfonds bietet für viele Anleger eine hervorragende Möglichkeit mit einem geringen Risiko stabile Erträge zu bekommen. Also warum von vorn-herein darauf verzichten, nur weil man etwas kategorisch ablehnt.

Auf die Vielzahl der Möglichkeiten werden wir später noch intensiver eingehen. Aber vorher sollten Sie bereit sein, sich das Ganze einmal anzuhören und auch fair zu bewerten. Bitte lehnen Sie es nicht gleich von vornherein ab, nur weil beispielsweise „Fonds" oder „Aktie" drauf-steht. Es wird sich für Sie lohnen, und Sie müssen keine großen Risiken eingehen und Ihr gesamtes Vermögen op-fern.

Es gibt es genügend Anlagemöglichkeiten, welche gut zu Ihren Vorstellungen passen könnten. Und das geht durch-aus mit einer eher risikoscheuen und vorsichtigen Einstel-lung. Das Sprichwort „Anhören kostet nichts" sollte hier zur Anwendung kommen. Sie sollten zumindest versu-chen, dem Thema so offen wie möglich entgegenzutre-ten. Denn erst wenn Sie alle Fakten und Argumente ken-nen, können Sie ein faires Urteil abgeben, nicht wahr?

Geben Sie sich selber die Chance, bevor Ihnen Minuszinsen und Inflation Ihr sauer erspartes und verdientes Kapital Stück für Stück abknabbern. Welche Möglichkeiten es für Sie gibt schauen wir uns gleich näher an, aber davor sollten wir uns noch mit einem weiteren Thema beschäftigen. Praktisch jeder Kunde hat in den Beratungsgesprächen bei denen ich Kundenberater von Banken begleitet habe ausgesagt, dass er bei der Einführung von Minuszinsen sein Geld abhebt und unter sein Kopfkissen bzw. im Tresor aufbewahren wird. Erkennen Sie sich hierbei wieder? Dann sollten Sie den nächsten Abschnitt aufmerksam lesen!

Kapitel 6
Über Tresore und Kopfkissen

Stellen wir uns doch einmal das Szenario ganz konkret vor:

Ihre Hausbank führt Minuszinsen ab dem ersten Euro bzw. für Ihr gesamtes Bankguthaben ein. Werden Sie dann wirklich, wirklich, wirklich Ihr GESAMTES Vermögen abheben und mit nach Hause nehmen? Mal abgesehen von dem ganzen Aufwand das Geld wirklich abzuheben, nachzuzählen und dann „unauffällig" nach Hause zu bringen, müssen Sie es ja auch noch heimlich verstecken. Doch wohin damit? Im Garten vergraben? Oder doch in den Wandsafe? Unter den Dielenboden? Ich denke da sind Ihrer Phantasie bestimmt keine Grenzen gesetzt. Und selbst wenn Sie es an einem Ort verstecken den Sie für absolut sicher halten, wie schaut es mit Ihrem Gemütszustand aus, wenn Sie mal für 2 Wochen in den Urlaub fahren? Oder was tun Sie konkret, wenn ein Einbrecher Sie oder Ihre Familie mit einer Waffe bedroht? Wie lange bleiben Sie dann standhaft? Ich weiß das ist ein sehr gewaltiges Szenario, aber würde man meine Kinder mit einer Waffe am Kopf bedrohen, wäre ich bereit alle Informationen preiszugeben. Könnten Sie damit gut schlafen oder beruhigt in den Urlaub fahren? Oder auch nur eine Stunde zum Einkaufen fahren?

Ich hätte immer ein mulmiges Gefühl, egal wo ich wäre, unterwegs oder zuhause. Ich erinnere mich noch, als ich einmal 32.000 EUR für einen Fahrzeugkauf mit mir führte und mit dem Zug fuhr, um das Auto abzuholen. Ständig denkt man, dass einen der Typ da in der Ecke doch ständig anschaut. Und der Herr mit der Sonnenbrille sieht auch nicht gerade vertrauenserweckend aus… Ständig beschleicht einen ein ungutes Gefühl. Deshalb frage ich Sie nochmal: wollen Sie das wirklich? Meine persönliche Einschätzung ist, dass nach spätestens 6-12 Monaten die Mehrzahl der Kunden wieder zurück zur Bank kehrt um Ihr Geld einzuzahlen. Diesem Druck hält man nur schwer stand. Doch das ist natürlich noch längst nicht alles. Stellen Sie sich doch mal ein Szenario vor in dem das Bargeld abgeschafft wird. Meiner Meinung nach ist das auch bei uns gar nicht mehr so abwegig und kann schneller kommen, als wir denken. In den nordischen Staaten ist es längst üblich, praktisch ohne Bargeld auszukommen. Ich habe gelesen, dass man in Stockholm sogar die öffentliche Toilette mit dem Handy bezahlt. Mein Sohn wohnt in China und als wir bei einem Besuch bei Ihm zum Essen gingen, fragte ich noch wo denn sein Geldbeutel wäre, denn er wollte mich einladen. Er zeigte mir nur sein Handy und sagte mir, das sei er. Sogar das Taxi hat er mit dem Handy bezahlt. Glauben Sie mir, dieses Thema kommt auch zu uns, es ist nur die Frage wie schnell. Und was machen Sie dann? Schnell alles ausgraben und ab zur Bank? Vielleicht sind dann die meisten Geldscheine nicht mehr gültig oder veraltet.

Die 500 Euro Scheine werden jetzt schon nicht mehr hergestellt und als nächstes dürften die 200 Euro Scheine dran sein. Wie groß darf denn das Geldpaket sein, damit es unter Ihr Kopfkissen bzw. in den Wandtresor passt, wenn es „nur" aus Hundertern oder Fünfzigern besteht. Wussten Sie, dass ab diesem Jahr (2020) neue Regelungen bezüglich der Geldwäsche gelten? So können Sie sich z.B. nur noch Gold im Wert bis zu 2.000 Euro anonym in bar ausliefern lassen. Alles darüber hinaus muss gemeldet werden. Das Gleiche gilt für Bargeld. Da liegt die Grenze zwar immer noch bei 10.000 Euro, aber die Geldwäschebeauftragten der Banken werden schon bei deutlich kleineren Einzahlungen nachfragen woher denn das Geld stammt. Denn Sie müssen die Herkunft des Geldes nachweisen können.

Ist Ihnen das alles den ganzen Aufwand und den damit verbundenen Unannehmlichkeiten wert? Hören Sie einmal in Ruhe in sich hinein und beantworten sich diese Frage ehrlich einmal selbst. Und über was reden wir hier eigentlich, was einen Minuszins angeht? Bei einem Bankvermögen von beispielsweise 50.000 Euro wäre ein sogenanntes „Verwahrentgelt" oder wie auch immer diese Gebühr bei Ihrer Bank heißen wird (Minuszins wird wohl als Formulierung nicht möglich sein) bei einem Höchstsatz von 0,5 % genau 250,- Euro im Jahr. Also 20,84 Euro im Monat. Ist Ihnen dieser Betrag nicht die ganze Sicherheit und das ruhige Einschlafen mit allen Bequemlichkeiten wert? Also für mich wäre das okay!

Ich werde nicht mein gesamtes Bankguthaben abheben und hinter dem Wandregal verstecken. Und ich bin hierbei ja von dem aktuell höchsten Minuszinssatz ausgegangen, den Ihnen Ihre Bank berechnen wird. Sehr wahrscheinlich wird er darunter sein, es sei denn die Zinsen fallen weiter, was ja auch nicht völlig ausgeschlossen ist, wie wir schon besprochen haben. Somit sinkt diese Gebühr auf unter 20 Euro im Monat. Andersherum betrachtet haben es die Häuslesbauer natürlich sehr angenehm in Ihren Preisgesprächen. Wenn Sie in Zukunft eine Finanzierung für beispielsweise Ihr Eigenheim bräuchten kann so eine Konditionsverhandlung schon auch mal in die Richtung „was bezahlt Ihr mir, wenn ich bei Euch 250.000 Euro aufnehme" laufen. Auch das war früher natürlich nicht vorstellbar. Sie sehen, dass Sie sich in allen Bereichen umstellen müssen. Alles hat sich verändert. Ich hoffe, dass Sie sich nach diesem Abschnitt schon ein wenig besser darauf eistellen können.

Nachdem Sie jetzt wissen, was auf Sie zukommt und dass die Option „Geld unters Kopfkissen" wohl keine sein dürfte wollen wir uns damit beschäftigen, wie es mit Ihrer Einstellung zu Kapitalanlagen wirklich aussieht.

Kapitel 7

Wie risikobereit sind Sie wirklich?

In den vergangenen Abschnitten hatten wir bereits verschiedene Aspekte der Nullzinsproblematik beleuchtet. Ich hoffe Sie konnten sich soweit schon mal ein eigenes Bild darüber machen, was Ihnen hierbei wichtig ist. An diesem Punkt sollten wir uns einmal mit Ihrer persönlichen Risikobereitschaft auseinandersetzen. Wie sieht diese denn bisher aus? Bei den Kunden-gesprächen an denen ich teilgenommen habe, sind gefühlt 95 % der Kunden konservativ. Vor allem aufgrund der eigenen Einschätzung. Die Kunden gaben bei der Befragung nach Ihrer Risikobereitschaft sehr oft die Antwort „konservativ" an. Wie ist denn Ihre Einschätzung Ihrer eigenen Risikobereitschaft? Ich vermute stark, dass bei der Mehrzahl von Ihnen ebenfalls „konservativ" die Antwort sein wird. Aber sind Sie das wirklich? Ein konservativer Anleger möchte per Definition keine Kursschwankungen oder einen Verlust seines Kapitals hinnehmen. Das dürfte auch für die meisten Leser zutreffen. Und das ist ja auch in Ordnung, denn wer verliert gerne sein sauer erspartes oder hart verdientes Geld? Allerdings darf dieser Anleger praktisch mit keinen Erträgen mehr rechnen.

Ich erzähle Ihnen mal folgende Geschichte, welche sich so tatsächlich in meiner Praxis so zugetragen hat: Ich habe mit einem Bankberater wie üblich einen Kundentermin vorbereitet, und der Berater teilte mir mit, dass er schon mehrere Beratungsgespräche zum Thema Vermögensberatung mit diesen Kunden hatte. Diese Kunden, so sagte mir der Berater, wollen unter keinen Umständen irgendetwas mit Aktien, Fonds oder sonstigen Anlagen welche schwanken und Geld verlieren könnten zu tun haben. Sie seien sehr konservativ eingestellt, versicherten sie immer wieder in Ihren gemeinsamen Terminen. Als dann das Gespräch begann, hatten wir noch nicht einmal richtig Platz genommen und diese Kunden stellten folgende Frage: „Haben Sie auch ETF´s?". Das heißt also, ein stockkonservativer Kunde mit der Risikoneigung null möchte von heut auf morgen in die Risikoklasse 3, risikobereit wechseln. Risikobereit ist per Definition die Akzeptanz auch von höheren Kursschwankungen mit möglichen Verlusten des Kapitals zur Erzielung einer höheren Renditechance. Ein ETF (Exchange Traded Fund) ist ein börsengehandelter Indexfonds, der einen bestimmten Index, beispielsweise den DAX, abbildet. Das bedeutet, Sie sind 1:1 am Aktienmarkt (in diesem Beispiel am DAX) beteiligt, sowohl nach oben, als auch nach unten. Und genau das „auch nach unten" kann unter Umständen schon mal Verluste von 30-40 % oder mehr bedeuten. Ob das diesen Kunden wirklich so bewusst war?

Nur weil es in vielen Medien präsent ist, oder ein sogenannter Experte das empfiehlt, muss das nicht unbedingt
für diese Kunden passen. Dieses Beratungsgespräch dau-
erte dann etwas länger, wie Sie sich vorstellen können.
Haben Sie sich auch schon einmal mit der Anlagemöglichkeit ETF beschäftigt? War Ihnen das von Anfang an bewusst, was das für Ihre Geldanlage heißt, auch bezüglich
Ihrer Verlustmöglichkeiten und Risikobereitschaft? Und
könnten Sie damit ruhig schlafen? Sie liegen aber mit dieser Anlagemöglichkeit schon gar nicht mal so verkehrt.

Natürlich könnten Sie Ihre Risikobereitschaft von heute
auf morgen von 0 auf 3 erhöhen. Die Frage ist, ob es wirklich zu Ihnen passt. Was würden Sie darüber denken,
wenn Sie diese Anlagemöglichkeit so einsetzen könnten,
dass diese vielleicht wirklich zu Ihnen passen könnte? Zumindest für einen Teil Ihres Vermögens. Was wenn ich
Ihnen sage, dass es seit Beginn der Aufzeichnung von Bör-
senkursen noch keinen 20 Jahres Zeitraum gegeben hat,
bei dem ein Index im Minus war? Das sogar schon für fast
alle 15 Jahres Zeiträume. Würde Sie das ein wenig beruhigen? Natürlich sind 15 oder 20 Jahre eine lange Zeit. Zu
wissen, dass man mit dem Faktor Zeit bei risikoreicheren
Anlagen vieles Ausgleichen kann, ist doch schon mal ein
positiver Aspekt, nicht wahr?

Was glauben Sie, wo wird der DAX, der EUROSTOXX oder
der MSCI in 5 Jahren stehen? Höher oder niedriger als
jetzt gerade? Und in 10 Jahren? In 15 Jahren?

Ich glaube fest, dass diese Indizes schon in 5 Jahren deutlich höher stehen können als heute. Es sei denn in ausgerechnet 4,5 Jahren kommt ein Crash.

Dann dauert es eben 6,5 oder 7 Jahre statt der 5 Jahre. Bei 10 und 15 Jahren mache ich mir gar keine Sorgen. Unser Wirtschafts-system ist so ausgerichtet, dass es auf Dauer wächst, also wachsen auch die Börsenkurse. Oder glauben Sie, ein Unternehmen wie beispielsweise Amazon oder Siemens sagen sich: „Naja, die nächsten 5 Jahre reicht uns mal die schwarze null, oder ein leichtes Minus!"? Ich denke, das wird nicht geschehen. Sie sehen, Zeit ist ein wichtiger Faktor.

In den ganzen Terminen in denen ich Berater begleitet habe, hat sich fast immer eines herauskristallisiert: die Kunden wollten sehr wohl eine Geldanlage, welche Ihnen noch einen Ertrag bringt. Sie wissen, dass es momentan nichts gibt, hätten aber dennoch gerne Erträge. Man möchte kein Risiko eingehen, aber ganz ohne Zins und Ertrag geht´s auch nicht. Das Ganze ist so ein bisschen wie „wasch mir den Pelz, aber mach mich nicht nass!". Aber Sie wissen auch, kein Risiko = kein Ertrag! So laufen sehr viele Beratungsgespräche mit Anlagekunden. Geht es Ihnen genauso? Und wie können Sie den Wunsch nach mehr Ertrag bei keinem oder wenig Risiko miteinander verbinden?

Die Antwort: öffnen Sie sich für eine (etwas) höhere Risikobereitschaft! Nur so wird es Ihnen gelingen Inflation und Negativzinsen entgegenzutreten. Und das wollen Sie doch, nicht wahr?

Wenn Sie sich ein kleines bisschen öffnen für einen kleinen Teil Ihres Vermögens überschaubare Risiken einzugehen, werden Sie es schaffen Ihre Vermögenswerte zu erhalten. Wie das geht, werde ich Ihnen im weiteren Verlauf aufzeigen. Wenn Ihre Einstellung die gleiche ist wie gerade beschrieben bin ich sicher, dass Sie bereit sind mir weiter zu folgen. Keiner verlangt, dass Sie Ihr GANZES Vermögen im Risiko anlegen, sondern nur einen kleinen Teil davon. Wenn Sie dann noch clever vorgehen und beispielsweise einen Ansparplan einbauen, werden Sie damit Erfolg haben. Wenn ich Ihnen das näher bringen kann, werden Sie mir mit meinen Ideen folgen? Wären Sie bereit Ihre Einstellung zum Thema Risiko zu überdenken? Denn in Wahrheit sind Sie nicht konservativ eingestellt. Sie wünschen sich wenigstens etwas Ertrag, und damit sind Sie risikoscheu oder in Teilen sogar risikobereit. Aus meinen Erfahrungen heraus wage ich dies zu behaupten. Und wenn Sie das ebenfalls so sehen, werden wir bestimmt einen gangbaren Weg für Sie finden. Einen Weg, wie Sie für sich die beste Anlage finden.

Kapitel 8
So finden Sie die beste Anlage für sich!

Beschäftigen wir uns doch jetzt einmal damit, wie Sie die beste Anlage für sich finden können. Ich möchte, dass Sie sich hierfür an den vorangegangenen Kapiteln orientieren, und Ihre daraus gewonnenen Erkenntnisse mit in Ihre Entscheidung einfließen lassen. Es ist wichtig, dass Sie hierfür offen sind sich auch einmal auf eine andere Sichtweise einlassen. Denn wie schon gesagt behaupte ich, dass Sie gar nicht so konservativ eingestellt sind, wie Sie sich selber vielleicht einschätzen würden. Ich möchte Ihnen einige Ansätze liefern, damit Sie für sich die richtigen Schlüsse ziehen können und eine passende Anlagemöglichkeit finden.

Dazu schauen wir uns doch einmal folgende Grafik an:

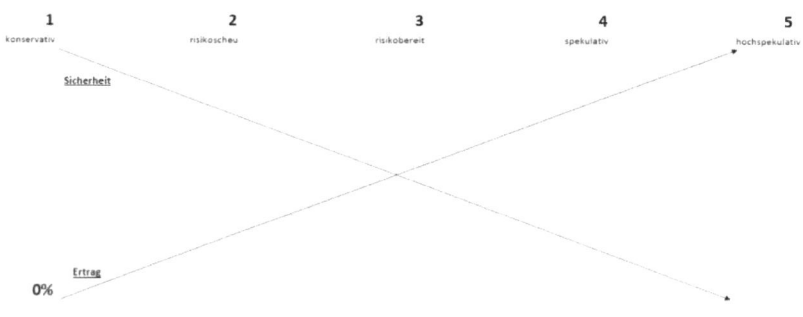

(Quelle: eigene Darstellung Jürgen Reichstein am 10.06.2020)

Sie erkennen hier die fünf Anlageklassen (Risikoklassen), welche es bei uns gibt: konservativ, risikoscheu, risikobereit, spekulativ und hochspekulativ. Mit den beiden Anlageklassen spekulativ und hochspekulativ werden wir uns in diesem Buch nicht beschäftigen. Das überlasse ich anderen Fachbüchern und den Profis bzw. den Anlegern welche in diesem Bereich investieren möchten. Sie sehen, dass Sie in der Anlageklasse „konservativ" einen Ertrag von 0 % erwarten können. Dieser ist sogar eher schon im Minusbereich angekommen. Je höher wir nun in der Anlageklasse steigen, also nach rechts gehen auf dieser Grafik, desto mehr steigen Ihre Ertragschancen (ansteigender Pfeil). Gleichzeitig nimmt aber mit ansteigender Anlageklasse die Sicherheit immer weiter ab (absteigender Pfeil). Sie sehen auch, dass es einen Schnittpunkt der Linien bei der Anlageklasse 3 „risikobereit" gibt. Das ist die Mitte und der ausgewogene Punkt in dieser Grafik. Die Mitte dieser Anlageklassen liegt demnach bei der Anlageklasse 3. So können Sie Ihre ausgewogene Vermögenstruktur im Prinzip schon selbst zusammenstellen, mit der nachfolgenden erweiterten Grafik wird es aber noch ein Stück einfacher und konkreter für Sie.

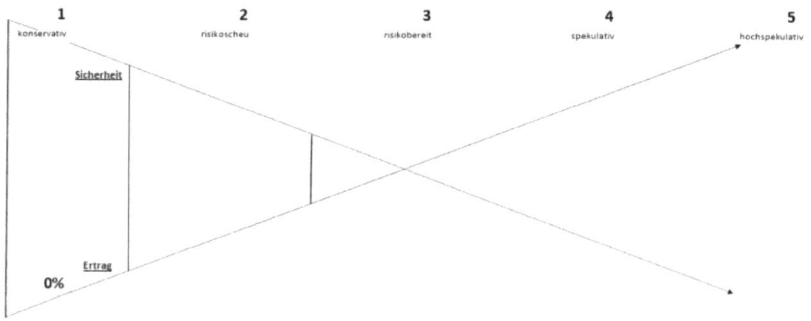

(Quelle: eigene Darstellung Jürgen Reichstein am 10.06.2020)

Fügen wir zwischen den einzelnen Anlageklassen Trennlinien ein, ergibt sich ein Dreieck von links nach rechts. Der größte Bereich liegt im Bereich der Anlageklasse 1. Der zweithöchste im Bereich von AK 2 und der kleinste in der AK 3. Was bedeutet das für Sie und eine mögliche Streuung Ihrer Anlagen? Wenn Sie diesem Dreieck (nach links gedreht ist es übrigens eine Anlagepyramide) folgen, so können Sie den größten Teil Ihres Vermögens in der Anlageklasse 1 „konservativ" anlegen. Einen kleineren Anteil würden Sie nach dieser Vorgehensweise in der Anlageklasse 2 „risikobereit" investieren.

Den kleinsten Anteil könnten Sie somit in die Anlageklasse 3 „risikobereit" anlegen und hätten damit insgesamt eine echte Chance auf vernünftige Ertragsaussichten. Wie hört sich das für Sie an? Könnten Sie sich mit so etwas anfreunden? Was spricht dagegen?

Vielleicht dass es bei der Anlageklasse 3 „risikobereit" zu viele Risiken gibt? Angenommen, ich könnte Ihnen darlegen wie Sie diese Risiken minimieren könnten, wäre so eine Anlagepyramide (Dreieck) für Sie dann eine Überlegung wert? Ich hoffe es, denn ich werde Ihnen noch aufzeigen wie Sie Ihre Risiken begrenzen können und dabei doch eine gute Chance auf Ertrag haben.

Um das Ganze noch zu vertiefen, schauen wir uns diese Grafik einmal an:

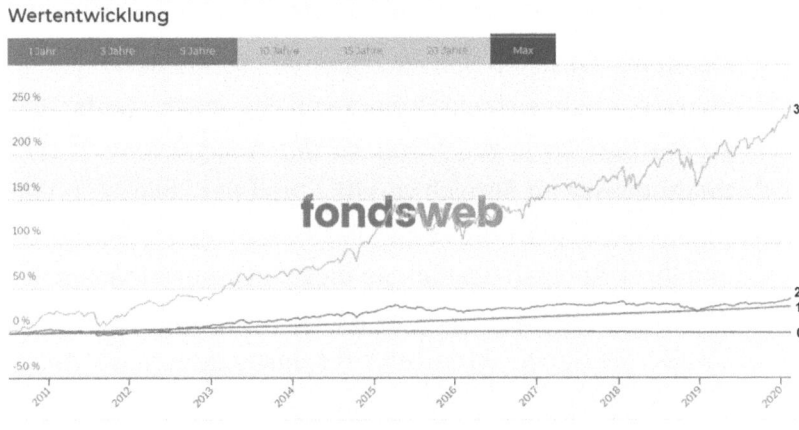

(Quelle: www.fondsweb.de/fondsvergleich am 02.03.2020)

Sie sehen hier einen Fondsvergleich der Seite fondsweb.de. Diese Seite ist eine unabhängige Website, auf der alle in Deutschland zugelassenen Investmentfonds aufgeführt sind und auf der man unter anderem auch verschiedene Fonds mit einander vergleichen kann.

42

Gehen wir diese Grafik einmal von unten nach oben durch. Im Prinzip sehen Sie auf diesem Bild alle Anlageklassen von AK 1 bis AK 3. Die untere Linie (0 -Linie) soll als Anhaltspunkt zur aktuellen Situation dienen und ist ein Geldmarktfonds, welcher den aktuellen Geldmarkt, das Sparbuch oder das Festgeld abbildet. Dieser ist aktuell bei 0 %, Tendenz fallend. Die Linie Nr. 1, welche wie mit einem Lineal gezeichnet verläuft, bildet die Anlageklasse 1 „konservativ" ab und ist ein offener Immobilienfonds. Sie sehen dabei einen regelmäßigen und stetig ansteigenden Ertrag. Die Linie darüber (Nr. 2) ist ein Mischfonds in der Anlageklasse 2 „risikoscheu" und wie Sie sehen, hat dieser auf lange Sicht schon etwas mehr Ertrag als die Linie Nr. 1. Wären Sie bereit EINEN TEIL Ihres Vermögens in eine von diesen beiden Linien/Anlagemöglichkeiten zu investieren? Die oberste Linie (Nr. 3) setzt sich am meisten von den anderen Anlageklassen ab und bildet einen Aktienfonds in der Anlageklasse 3 „risikobereit" ab. Wie Sie sehen, haben sie in dieser Kategorie natürlich die besten Ertragschancen. Aber auch die größten Risiken, zumindest kurzfristig betrachtet.

Niemand wird von Ihnen verlangen, Ihr gesamtes Vermögen in die vierte Linie zu stecken und dann zu hoffen, dass es gutgeht. Aber einen ganz kleinen Anteil Ihres Vermögens, in Kombination mit einer monatlichen Ansparrate könnten Sie doch einmal in dieser Anlageklasse „probieren"? Und wenn ich von „probieren" rede meine ich, dass wenn Ihnen etwas vom „Buffet" nicht schmeckt, können Sie es jederzeit zurückgeben und sein lassen.

Keinen Zwang etwas durchzuziehen, wenn es Ihnen dauerhaft nicht „schmeckt". Wie hört sich das für Sie an? Annehmbar?

Kann ich also davon ausgehen, dass Sie bereit wären einmal die unteren beiden Linien 1 und 2 näher in Betracht zu ziehen, und die obere Linie (Nr. 3) mal auf die Seite zu parken und sich später mit mehr Informationen damit zu befassen? Was würde denn auch dagegensprechen, sich einmal alles über die drei Linien 1,2, und 3 anzuhören?

Wenn Sie nun ein Ihr Gesamtvermögen annehmen, dann müssen wir zunächst einmal einen festen Betrag für alle anstehenden Investitionen beiseitelegen. Das kann ein neues Auto sein, oder die lang fällige Renovierung Ihres Daches am Haus. Es sollte aber ein Betrag für Investitionen sein, welche jetzt schon feststehen, bzw. für Investitionen welche fest in der nächsten Zeit eingeplant sind. Als nächstes sollten wir eine Summe für die sogenannten Rücklagen, dem Notgroschen zurückhalten.

Je nach Geschmack können dies bei dem Einen zwei Monatsgehälter sein, der Andere fühlt sich erst ab 10.000 Euro so richtig sicher. Machen Sie es so, wie es sich für Sie gut anfühlt. Aber bitte nicht vorgeben, dass Sie sich nur mit 100.000 Euro auf dem Bankkonto wohlfühlen. Sollten Sie Millionär sein, geht das in Ordnung, meine Einstellung ist, dass maximal 10.000 Euro als Rücklage für Fernseher, Waschmaschine und Autoreparatur locker reichen.

Das andere Geld das Sie anlegen wird ja zum größten Teil auch jederzeit verfügbar sein. Denken Sie daran, die Minuszinsen für Bankeinlagen werden kommen, oder sind sogar schon da! Von dem was noch übrigbleibt nehmen Sie ebenfalls die Summe, mit welcher Sie sich wohlfühlen um sie anzulegen. Das sollten nach Meinung von Experten mindesten 10 % im optimalen Fall 25 % Ihres Geldvermögens ausmachen. Bei einem Geldvermögen von beispielsweise 20.000 Euro ohne Ihre geplanten Investitionen würde die Rechnung folgendermaßen aussehen:

Gesamtgeldvermögen: 20.000 Euro

Rücklagen/Notgroschen: 10.000 Euro

Betrag der für eine Geldanlage zur Verfügung steht: 5.000 Euro (= 25 % vom Gesamtgeldvermögen).

Wie könnten wir nun diese 5.000 Euro bzw. die 25 % Ihres Geldvermögens in die vorher besprochenen Anlageklassen verteilen?

Eigentlich recht einfach: 2.000 in die erste Linie (defensiv/konservativ), 2.000 Euro in die zweite Linie (defensiv, risikoscheu) und 1.000 Euro in die oberste dritte Linie (offensiv/risikobereit). Die Nulllinie mit dem Geldmarktfonds wurde nicht berücksichtigt, da diese keinen ertrag bringt. Zusätzlich sollten Sie in die Linie Nr. 3 (offensiv) und eventuell auch in die Linie Nr. 2 (defensiv) noch einen monatlichen Ansparplan von 100 Euro einrichten. Warum das sinnvoll ist und was das für Auswirkungen auf Ihre Anlage hat, besprechen wir später.

Aber wenn Sie es richtig verfolgt haben, sind nur lediglich 1.000 Euro, also 5 % Ihres Geldvermögens in eine offensive, risikobereite Anlage einmalig investiert. Ein Gedanke hierzu: sollte diese Anlage um sagen wir mal 30 % fallen, was einen Börsencrash bedeuten würde, hätten Sie zunächst einen Verlust von 300 Euro – auf dem Papier. Meine Frage an Sie lautet nun, wären Sie bei einem Verlust von 300 Euro in Anbetracht Ihres Gesamtbarvermögens ruiniert? Könnten Sie sich nichts mehr zum Essen leisten oder nicht mehr in den Urlaub fahren? Ich denke das ist nicht der Fall.

Natürlich tut es weh und es ist ärgerlich Geld zu verlieren. Wer tut das schon gerne? Und dieser Verlust wäre ja auch erst einmal ein Buchverlust auf dem Papier sozusagen. Erst wenn Sie tatsächlich verkaufen sollten, wäre dieser Verlust realisiert.

Macht es Sinn im Minus zu verkaufen? Ich denke eher nicht, auch wenn der ein oder andere jetzt argumentiert, dass die Kurse ja weiter fallen könnten. Ich verspreche Ihnen, Sie werden in aller Regel auch wieder steigen, es sei denn Sie haben eine Anlage gewählt, welche sich nicht mehr erholt. Zum Beispiel habe ich bei einigen Kunden von Investitionen in geschlossene Beteiligungen, Flugzeuge, Schiffe, Biogasanlagen etc. gehört, welche nur noch einen Bruchteil ihrer Investition zurückbekamen, wenn überhaupt. Doch ich rede hier von einem weltweit anlegenden Aktienfonds oder ETF.

Glauben Sie wirklich, dass alle weltweiten Unternehmen die in Ihrem Fonds oder ETF sind nichts mehr wert sein werden? Sollte das der Fall sein, brauchen Sie sich über Ihr restliches Barvermögen auch keine Gedanken mehr zu machen. Unternehmen wie z.b. Apple, Google, Microsoft oder Amazon werden immer darauf aus sein, positive Zahlen zu schreiben und werden auch meiner Meinung nach nicht so schnell von Bildfläche verschwinden. Ein Unternehmen wie Siemens zum Beispiel gibt es schon weit über 100 Jahre! Dieses Unternehmen hat zwei Weltkriege, alle möglichen Krisen wie Ölkrise in den Siebzigern, 9/11 und die Eurokrise überstanden. Selbst beim Börsencrash 1929 waren sie dabei. Und es gibt sie immer noch. Auch die Aktien gibt es übrigens noch. Die Währung mit der die erste Siemensaktie gezeichnet werden konnte gibt es nicht mehr.

Geld wird also immer weniger wert, Aktien & Immobilien haben Ihren Wert erhalten. So kann man das zusammenfassen.

Doch zurück zu Ihrer Anlage: Sie haben also nach der oben beispielhaft beschriebenen Vorgehensweise 5.000 Euro in Anlagen investiert, welche Sie bisher vielleicht eher vermieden haben, oder sich noch nicht groß damit beschäftigt haben. Was würden Sie denken, wenn ich Ihnen sage, dass diese drei Anlagen mit 5.000 Euro innerhalb der nächsten 5 Jahre sehr wahrscheinlich mehr erwirtschaften werden, als Ihre restlichen 15.000 Euro.

Wahrscheinlich sage ich deshalb, denn sollte ausgerechnet in 4,5 Jahren ein Börsencrash oder Ähnliches kommen, müssten Sie gedanklich noch einmal ein bis zwei Jahre draufpacken bis Sie dann im Plus wären. Aber auch dann wahrscheinlich mit einem höheren Ertrag als mit Ihrem restlichen Geldvermögen. Ist so eine Aussicht es nicht wert einmal genauer darüber nachtzudenken und eventuell umzudenken?

Betrachten wir nun einmal die besprochenen Anlagemöglichkeiten etwas mehr im Detail. Von welchen Anlagen rede ich hier. Um es noch einmal zu betonen, dieses Buch stellt keine Anlageberatung dar, oder soll ein fundiertes Anlagegespräch mit Analyse und allem was dazu gehört ersetzen. Ich möchte Ihnen dennoch aufzeigen, über welche Anlageformen wir hier sprechen.

Die Linie entlang der Nulllinie haben wir ja schon besprochen. Das ist ein Geldmarktfonds, welcher ein Sparbuch oder Festgeld-/Geldmarktkonto abbildet. Die darüber liegende Linie (Nr. 1) welche wie mit einem Lineal gezogen aussieht ist ein sogenannter offener Immobilienfonds. Hier können Sie regelmäßige Erträge aufgrund der ständigen Mieteinnahmen erwirtschaften. Viele offene Immobilienfonds bilden ein solides Fundament für Ihr Anlagedepot. Praktisch kaum Schwankungen und regelmäßige Einnahmen in Form von Mieten. Solider geht es kaum, vorausgesetzt der Fonds wird auch gut gemanagt. Das gilt aber natürlich für jeden Fonds über den wir hier reden, dass er gut und seriös gemangt wird.

Ich sehe diese Voraussetzungen übrigens bei den Volks- und Raiffeisenbanken, sowie bei den Sparkassen in Deutschland als erfüllt.

Bei der Linie Nr.2 handelt es sich um einen risikoscheuen Mischfonds, einem sogenannten Multi Asset Fonds. Das bedeutet, dass dieser Fonds in alle erdenklichen Anlagemöglichkeiten investieren kann. Die Betonung liegt auf kann, denn das Fondsmanagement wird sich sehr genau die vorhandenen Anlagemöglichkeiten aussuchen. Der Vorteil dieser Anlageform ist, dass der Fonds nicht in Aktien investieren MUSS, sondern KANN und dies nur in dem Umfang tätigt, mit dem er ein sehr ausgewogenes Chancen/Risikoverhältnis erreicht.

Das heißt, wenn der Aktienmarkt ein zu großes Risiko darstellt, weil die Volatilität, also das Schwankungsverhalten sehr hoch ist, oder weil die Kurse stark fallen, wird der Fonds einfach aus dem Aktienmarkt aussteigen oder zumindest den Aktienanteil reduzieren. Das Fondsmanagement kann dann in andere Anlageformen wie beispielsweise Rohstoffe oder Anleihen investieren. Somit ist das Risiko bei dieser Anlageform „defensiver Multi Asset Fonds" ziemlich überschaubar. Es kann aber auch ein defensiver Mischfonds sein, welcher festverzinsliche Wertpapiere (sogenannte Rentenpapiere) und Aktien mischt. Bei einem defensiven Mischfonds müsste die Aktienquote natürlich untergewichtet sein.

Ich favorisiere aber einen Multi Asset Fonds, da er flexibler reagieren kann und es bei einem Mischfonds mit Renten und Aktien das Problem gibt, dass die Rentenpapiere derzeit nicht sehr viel Rendite hergeben.

Die oberste Linie (N r. 4) bildet einen Aktienfonds ab. Einen weltweiten Aktienfonds. Warum ich das so betone? Weil ich ein großer Freund von einer globalen Streuung bei Aktienfonds bin, das heißt wenn Sie sich für einen Aktienfonds entscheiden, würde ich zunächst einmal mit einem weltweiten Aktienfonds beginnen. Sie können später immer noch oder wenn Sie sich bereits mit Fondsanlagen auskennen in bestimmte Länder, Regionen oder Branchen mit Aktienfonds investieren.

Durch die weltweite Streuung haben Sie aber den Vorteil, dass Sie weder an einen Kontinent, ein Land, eine Region oder eine Branche gebunden sind. Das Fondsmanagement kann hier überall dort investieren, wo gerade Geld verdient werden kann. Natürlich würde man bei einer globalen Krise oder einem globalen Crash, wie derzeit zum Beispiel bei der Corona Pandemie auch mit einem weltweit gestreutem Aktienfonds Verluste einfahren. Aber die werden im Laufe der Zeit wieder eingeholt, wie Sie ja bereits erfahren haben.

Falls Sie daran noch zweifeln, soll Ihnen die folgende Grafik noch einmal einen Überblick geben:

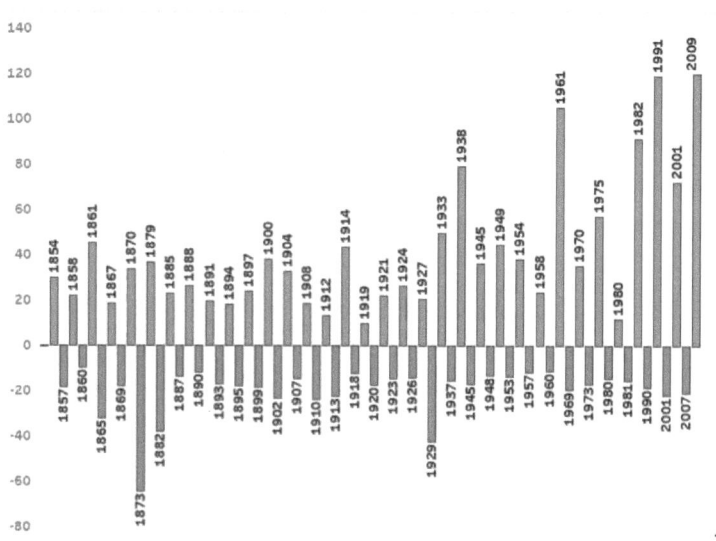

(Quelle: National Buerau of Economic Research auf finanztrend.info Stand 01.07.2020)

Hier sehen Sie Konjunkturzyklen der größten Krisen mit den darauffolgenden Abschwungphasen abgebildet. Nach jeder Abschwungphase folgt eine meistens stärkere und längere Aufschwungphase. Und mit diesen Konjunkturphasen können Sie die Börsenkurse gleichsetzen. Diese steigen somit nach jeder Krise wieder an!

Es gibt an der Börse keine Einbahnstraße. Weder nach oben, noch nach unten.

Interessiert Sie es, wie Sie die Tiefphasen besser überstehen und sogar einen Vorteil daraus ziehen können?

51

Ich hoffe es doch sehr und hier kommt die Lösung:

Monatliches Ansparen! Durch die gleichmäßigen monatlichen Raten kaufen Sie immer zum gleichen Zeitpunkt, dem Abbuchungszeitpunkt, zu unterschiedlichen Preisen ein. Da die Börse und somit auch die Fondspreise schwanken werden Sie jeden Monat einen anderen Einstiegskurs haben. Geht nun dieser Kurs nach unten, kaufen Sie mit der gleichen Ansparrate mehr Fondsanteile in Ihr Depot. Hierzu ein Beispiel: Nehmen wir an, Sie investieren 100,- Euro im Monat und im ersten Monat wäre der Fondspreis bei dem Sie kaufen auch bei 100,-. Somit erhalten Sie einen Fondsanteil. Sinkt der Kurs nun auf 50,- im zweiten Monat (was eher unrealistisch ist, aber es lässt sich gut rechnen und erklären) würden Sie ja nun mit Ihren 100,- Euro bereits zwei Anteile bekommen. Somit hätten Sie nach diesen beiden Monaten insgesamt drei Anteile mit einem Preis von 150,-.

Steigt der Kurs im dritten Monat wieder auf 100,-, so würden Sie hier auch wieder einen Anteil erwerben. Somit sieht Ihre Rechnung wie folgt aus: Gekaufte Anteile: 4 Stück, aktueller Kurswert der Anteile 100,- Euro. Somit hätten Sie einen Depotwert von 4 x 100,- = 400,- Euro bei einer Investition von 3 x 100,- = 300,- Euro. Dieses Phänomen bzw. Rechenexempel nennt man „Cost-Average-Effekt" oder auf Deutsch Durchschnittspreiseffekt.

Somit profitieren Sie mit einem Ansparplan auch von fallenden Kursen.

Wie gesagt ist das nur ein Rechenbeispiel und dauert in der Realität natürlich viel länger, eventuell bis zu mehreren Jahren. In einem späteren Abschnitt werde ich hierauf noch einmal detaillierter eingehen.

Werfen wir aber zunächst noch einen Blick auf die sogenannten Exchange Traded Funds oder auch ETF genannt. Dabei handelt es sich wie gesagt um einen Fonds, der im Prinzip nicht aktiv gemanagt wird und einen Index wie den DAX oder den MSCI abbildet. In letzter Zeit kamen immer mehr Kunden, auch solche die noch nie in einen Fonds investiert hatten mit diesem Thema auf die Bankberater zu. Ich möchte Ihnen hier meine persönliche Meinung darüber abgeben. Generell halte ich einen ETF vor allem in weltweit gestreute Märkte (also am besten in den MSCI) für eine lohnenswerte und gute Geldanlage, wenn er zu Ihrer Einstellung passt und sie die Anlage mit einem Sparplan bedienen bzw. kombinieren. Ich persönlich finde aber einen gemanagten Aktienfonds (natürlich auch weltweit gestreut) besser, da dieser auf bestimmte Krisen und Ereignisse flexibler reagieren kann.

Bei einem ETF auf den MSCI beispielsweise kaufen Sie über 1.600 Aktien weltweit ein. Für die Streuung ist das schon einmal positiv. Ein gemanagter Fonds aber pickt sich eventuell nur die 200 besten Titel daraus aus und ändert die Zusammensetzung nach Bedarf.

Wenn z.B. eine VW-Aktie einbricht (Dieselskandal) oder eine Bayer-Aktie Schwierigkeiten bekommt (Kauf von Monsanto), dann bleibt Sie in Ihrem ETF eben bestehen.

In einem gemanagten Fonds werden diese Aktien vom Management herausgenommen und gegebenenfalls durch aussichtsreichere Titel ersetzt. Die besten globalen Aktienfonds schlagen fast immer die ETF´s auf lange Sicht. Der Unterschied ist aber nicht sehr groß und würden die Märkte nur steigen, würden Sie mit einem kostengünstigeren ETF auch sehr gut fahren. In den Krisenzeiten und bei der Titelauswahl zeigen sich die Vorteile von einem gemangten Fonds. Und wenn ich sage, dass die gemangten Fonds die ETF´s langfristig schlagen, meine ich das NACH Kosten. Gemanagte Aktienfonds sind natürlich teurer von der Verwaltung her (die Kosten werden intern verrechnet und müssen nicht extra von Ihnen bezahlt werden) aber dieser Mehraufwand bringt oftmals auch einen Mehrertrag. Sie werden außerdem feststellen, dass viele ETF´s sich mit diesen Konditionen nur halten können, wenn viele Anleger diesen ETF kaufen. Schon jetzt müssen einige ETF´s zusammengelegt oder getauscht werden, da deren Einnahmen zu gering sind.

Wenn Sie für sich einen passenden ETF finden mit dem Sie sich wohlfühlen, dann können Sie ihn gerne mit in Ihr Depot aufnehmen. Da spricht überhaupt nichts dagegen. Halten Sie aber dennoch Ausschau nach gut gemangten globalen Aktienfonds, welche Ihnen Ihr Bank – oder Vermögensberater gerne vorstellen werden.

Sie werden mit beiden Anlagen auf lange Sicht sehr zufrieden sein, vor allem wenn Sie einen Ansparplan mit einbauen. Das wäre absolut notwendig für Ihre Erfolgschancen.

Ich hoffe ich konnte Ihnen in diesem Abschnitt einen guten Überblick über Ihre Möglichkeiten bei der Auswahl einer passenden Anlageform geben. In den nächsten Abschnitten schauen wir uns weitere Details für die Auswahl einer guten Geldanlage an und kommen somit hoffentlich Ihrer optimalen Geldanlage immer näher!

Kapitel 9
Wer streut rutscht nicht aus

Nachdem Sie herausfinden konnten, welche Anlage am besten zu Ihnen passen könnte, wollen wir uns anschauen, wie Sie die von Ihnen präferierten Anlagen kombinieren und streuen können um ein möglichst optimales Chance/Risiko-Verhältnis zu bekommen. Denn wie heißt bei Kapitalanlagen es so schön: „wer streut rutscht nicht aus"! Denn eine Streuung Ihrer Anlagen ist elementar für Ihren Erfolg.

In vielen Beratungen in Ihrer Bank wird mit dem sogenannten „Finanzhaus" gearbeitet. Dieses sieht in etwa so aus:

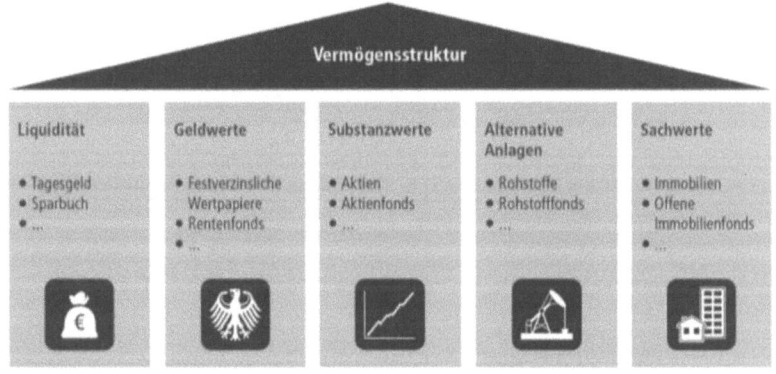

(Quelle: www.union-investment.de/startseite/anlegen/vermoegen_strukturieren am 10.06.2020)

Sie sehen hier die verschiedenen Säulen bestehend aus der Liquidität (wie Girokonto, Festgeld), Geldwerten (Sparbuch, Anleihen), Substanzwerten (Aktienanlagen, Fondsanlagen), Sachwerten (Immobilien, Immobilienfonds), und den alternativen Anlagen (Rohstoffe, Beteiligungen). Die Lehre hieraus besagt, dass eine optimale Vermögensstruktur dann erfolgt, wenn in alle Säulen investiert wird, aber natürlich nicht 1:1, sondern in dem Verhältnis wie es zu Ihnen und Ihrer persönlichen Situation passt. In der Praxis sehen die meisten Finanzhäuser eher so aus:

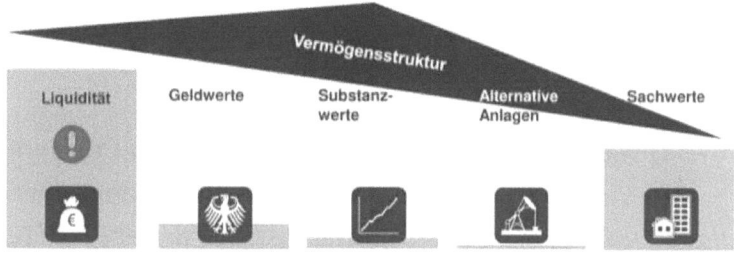

(Quelle: www.slideplayer.org/slide/14131383 Seite 15, Union Investment, Vermögensstruktur, am 10.06.2020)

Wie Sie sehen können, ist das Finanzhaus der meisten Anleger ziemlich schief. Diese Unausgeglichenheit kommt daher, dass die meisten Anleger nicht streuen, sondern ihr Glück in liquiden Anlageformen wie beispielsweise Festgeldkonten, oder in Geldwerten wie in Sparbüchern oder Staatsanleihen suchen.

Das hat ja in den vergangenen Jahrzehnten auch sehr gut funktioniert, aber bei einer Nullzinspolitik und Minuszinsen klappt das eben nicht mehr. Wenn Sie Ihr Vermögen in die verschiedenen Säulen streuen, dann ist die Wahrscheinlichkeit sehr hoch, dass zumindest eine Säule Ertrag abwirft. Ähnlich, wenn Sie alle frisch gekauften Eier in einen Korb legen und dieser fällt Ihnen runter. Oder Sie setzen nur auf das eine Pferd. Diese Metaphern kennen Sie und sie gelten auch für die Kapitalanlage. Eine Aufteilung in eine sinnvolle Vermögensstruktur bei einem eher risikoscheuen Anleger könnte beispielsweise wie folgt aussehen:

Liquidität: 10 % /Geldwerte: 50 % /Substanzwerte: 15 % /Sachwerte: 20 % /Alternativanlagen: 5 %.

Das wäre in meinen Augen eine sinnvolle und zielgerichtete Vermögensstruktur. Einfach, dass Sie einmal ein Gefühl dafür bekommen. Aber das ist wie immer eine Frage Ihres persönlichen Geschmacks und Ihrer Einstellung. Wenn Sie wie oben dargestellt Ihr Gesamtvermögen strukturieren, werden Sie auf mittlere und lange Sicht wesentlich mehr Erfolg in Form von Mehrertrag haben, als wenn Sie nicht streuen. Natürlich können Sie Glück haben und ausgerechnet auf die Anlageklasse setzen, welche gerade gut läuft. So könnten Sie beispielsweise Ihr Vermögen in eine bestimmte Aktie oder einen bestimmten Aktienfonds stecken und der Markt läuft ab diesem Zeitpunkt nur nach oben.

Das wäre wie gesagt dann eher glücklich gelaufen, aber würden Sie dieses Risiko wirklich eingehen wollen? Ebenso wäre eine Anlage nur in Geldwerte genauso verkehrt, wie uns die Einführung von Negativzinsen aufzeigt. Auch hier werden Sie Geld verlieren. Also streuen Sie. Streuen Sie Ihr Vermögen aber nicht nur in die verschiedenen Anlageklassen. Streuen Sie auch wenn möglich in verschieden Länder und Branchen, beispielsweise mit einem globalen Aktienfonds. Streuen Sie auch in verschiedene Fondsgesellschaften, obwohl ich der Überzeugung bin, dass Ihnen Ihre Hausbank eine Vielzahl von guten Fonds Ihrer hauseigenen Fondsgesellschaft anbieten kann. Meistens eben nur von einem Anbieter, aber es würde schon reichen, wenn Sie bei diesem einen Anbieter in verschieden Fonds investieren. Es ist aber nie ein Fehler noch weitere Anbieter mit hinzuzunehmen.

Hauptsache sie setzen nicht alles auf eine Karte und hoffen dann, dass es funktioniert. Das kann es wie gesagt, aber die besseren Chancen haben Sie, wenn Sie breit streuen. Und damit Sie dabei noch besser zurechtkommen, möchte ich im nächsten Abschnitt noch einmal auf die einzelnen Anlageformen etwas detaillierter eingehen.

Kapitel 10

Welches Stück vom Kuchen schmeckt am besten?

Lassen Sie uns die einzelnen Anlagen noch einmal genauer betrachten, damit Sie sie zielgerichtet in Ihre Vermögenstruktur einbauen können. Und damit wir herausfinden, welches Stück vom „Vermögenskuchen" Ihnen am besten schmeckt. Am Anfang möchte ich auf die Anlageformen Liquidität und Geldwerte eingehen. Sie ist die gängigste Anlageform und jeder von uns kennt sie und hat Erfahrungen damit. Wichtig finde ich hierzu, dass Sie nicht zu viel Geld in dieser Säule Ihres Finanzhauses untergebracht haben, sondern nur Ihren persönlichen „Wohlfühlbetrag" den Sie sehr kurzfristig für Rücklagen und Notfälle benötigen. Also für den Fall, wenn die Waschmaschine, der Fernseher und das Auto gleichzeitig den Geist aufgeben. In der Regel sind das so 2-3 Monatsgehälter. Für mich fühlen sich 10.000 Euro als Rücklage schon sehr sicher an, aber jeder hat da seine eigene Grenze. Aber bitte nicht zu hoch, denn dieses Geld bringt Ihnen nicht nur keinen Ertrag und wird Sie eher etwas kosten, sondern es ist unter Umständen auch im Zugriff von außen. Ich möchte Ihnen damit keine Angst machen, denn Ihre Gelder sind sehr sehr sicher auf Ihren Bankkonten.

Dennoch ist ein hoher Betrag auf dem Girokonto nicht notwendig (außer natürlich es stehen größere Abbuchungen an). Sollte ein Betrüger an ein Konto herankommen, dann an Ihr Girokonto. Alle anderen Konten unterliegen praktisch keinem Zugriff von außen. Das merken Sie ja daran, dass man bei einem Verlust der EC-Karte nur an Ihr Girokonto herankommt und nicht z.b. an Ihr Festgeldkonto. Bei einem sogenannten Phishing-Mail wird auch oftmals nur auf Ihr Girokonto gezielt, da man über dieses Konto alle Überweisungen laufen lässt. Vom Sparbuch direkt wird eben in den meisten Banken nichts nach außerhalb überwiesen, und in der Regel auch nicht vom Festgeldkonto. Somit ist Ihr Girokonto am angreifbarsten. Es ist also sinnvoller, nur das Nötigste auf dem Girokonto zu belassen. Ich würde Ihnen hierzu gerne einmal folgende Frage stellen: Was müsste passieren, damit Sie an den Bankschalter gehen und Ihr GESAMTES Vermögen abheben? Ich hoffe, dass Sie niemals in solch eine Situation kommen, aber es ist schon sehr schwer vorstellbar wie diese Situation aussehen müsste. Ich möchte Ihnen damit sagen, dass Sie im Prinzip niemals Ihr GESAMTES Vermögen sofort und jetzt brauchen werden, hoffentlich. Also könnten Sie auch den Teil, den Sie eher nicht für Rücklagen brauchen woanders „parken", nicht wahr? Wenn wir auf die nächsten Anlagesäulen schauen, werden Sie feststellen, dass die meisten dieser Säulen ebenfalls sehr schnell verfügbar sind. Wir reden hier in der Regel von 3-4 Werktagen. Die kann man immer überbrücken.

Bei manchen Versicherungslösungen (z.B. eine fondsgebunde Lebens- oder Rentenversicherung) muss man auch mal 6 Wochen oder etwas länger auf sein Geld warten. Aber auch das würde sich überbrücken lassen.

Werfen wir nun einen Blick auf die nächste Säule, die der Substanzwerte. Hierbei handelt es sich um Anlagen in substanzielle Werte wie Aktien oder Aktienfonds. Wie Sie bereits wissen, können auch Mischfonds Aktientitel beinhalten. Also würde der Aktienanteil bei einem Moschfonds ebenfalls in diese Säule hinzuzählen. Nach meiner Erfahrung und Einschätzung werden Sie in dieser Anlageklasse die besten Chancen auf einen mittel – bis langfristigen höheren Ertrag haben.

Allerdings brauchen Sie hierbei eben auch die Geduld, wie wir schon besprochen haben. Investieren Sie in diese Anlageklasse aber nur den Betrag mit dem Sie sich wohlfühlen und auf den Sie vor allem gegebenenfalls auch einmal länger verzichten könnten.

Wichtig ist in diesem Anlagesegment auch der ebenfalls angesprochene Ansparplan in die Aktienfonds. Bei Einzelaktien ist das nicht ganz so einfach, wäre aber auch denkbar. Sie müssten dann eben jeden Monat am gleichen Tag den Titel über die Börse kaufen. Bei einem Fondssparplan wird ganz bequem jeden Monat an dem von Ihnen gewünschten Tag Ihre Sparrate eingezogen. Somit lässt sich diese Säule recht einfach aufbauen.

Ich hoffe Ihr Wohlfühlbetrag für diese Säule ist nicht zu gering. Mindestens 5%, besser noch 10-15 % könnten Sie ohne weiteres in diese Anlageklasse investieren. Sie wer von bin ich überzeugt. Und um es an dieser Stelle noch einmal zu verdeutlichen: sollte wirklich alles ganz schlimm kommen und die „Welt aus den Fugen geraten", was wäre Ihnen dann lieber, ein 100 Euro Schein oder ein substanzieller Wert wie eine Google Aktie?

Die Anlagesäule der alternativen Anlagen ist eigentlich e-her etwas für erfahrenere Anleger. Hierbei geht es nicht nur um Rohstoffe wie Gold, Silber oder Öl, sondern auch um Anlagen wie beispielweise Beteiligungen in Wind-kraftanlagen oder Schiffsbeteiligungen. Hier gilt aus mei-ner Sicht besonders der Grundsatz, wenn Sie sich damit nicht wohlfühlen, besser die Finger wegzulassen. Somit möchte ich hier auf das Thema der Schiffs- oder sonstigen Beteiligungen gar nicht eingehen. Das ist aus meiner Sicht nur etwas für erfahrene Anleger mit einer risikobereiten Einstellung geeignet. Gerade in den letzten Jahren sind viele Kunden mit dem Wunsch nach einer Investition in Gold in das Beratungsgespräch gekommen. Es sollte Ihnen aber klar sein, dass Gold ähnliche oder sogar grö-ßere Schwankungen wie eine Aktie aufweisen kann. Mein Vorschlag hierzu lautet, dass wenn Sie auf Gold setzen wollen, Sie das in einer kleinen und überschaubaren Menge auch tun können.

Ein kleiner Goldbestand „in der Schublade" oder zum Weitergeben an die Kinder kann nicht schaden, wenn Sie sich den Schwankungen bewusst sind, und diese für Sie keine Rolle spielen. Ihr Goldbestand soll Ihnen nur ein beruhigendes Gefühl geben. Aber auch hier vertrete ich die Einschätzung, dass es Ihnen bei einer echten Krise nicht unbedingt weiterhilft. Oder möchten Sie Ihr Brötchen beim Bäcker dann mit einer Krügerrand Goldmünze bezahlen? Oder damit gleich die ganze Bäckerei kaufen? Übrigens hier eine interessante Idee einer Kundin aus einem gemeinsam geführten Kundengespräch. Diese Kundin kaufte sich tatsächlich 365 einzelne Unzen in Gold. Somit könnte sie bei einer Krise sich ein Jahr lang damit kleinere Dinge einkaufen. Jeden Tag eine Unze sozusagen. So etwas finde ich sinnvoll. Alles andere ist doch eher unrealistisch, oder glauben Sie wirklich, dass unsere Regierung es zulässt, dass wir ohne eine gültige Währung dastehen? Ich kann mir das überhaupt nicht vorstellen!

In der letzten Säule der Sachwerte sind Immobilienbeteiligungen in Form von vermieteten Eigentumswohnungen und Häuser oder Immobilienfonds hinterlegt. Eine eigengenutzte Immobilie würde ich bei einer Gesamtbetrachtung Ihres Vermögens nicht in diese Säule mit aufnehmen. Natürlich ist es eine stabile und interessante Wertanlage.

Es handelt sich meiner Meinung nach aber nicht explizit um eine Geldanlage, bei der Sie sich ein Eigenheim nur aus Gründen der Geldanlage gekauft haben.

Ich denke, dass Ihre Motivation zu diesem Kauf auch noch andere Gründe wie mietfreies Wohnen im Alter oder auch eine Art Altersvorsorge darstellt. Oder Sie haben einfach keine Lust Ihrem Vermieter 1-2 Häuser im Laufe Ihres Mieterlebens abzubezahlen, was Sie auch tun, wenn Sie zeitlebens nur in Miete wohnen. Also nehme ich in diese Anlagesäule nur die weiteren Anlagen in Immobilien, sei es als reale vermietete Immobilie oder einen Immobilienfonds. Mich interessiert hierbei vorrangig der Immobilienfonds, denn bei einer realen Immobilie sind sehr viele Einzelfaktoren für den Erfolg dieser Anlage entscheidend. Am meisten natürlich die Lage, die Lage und die Lage der vermieteten Immobilie. Wenn ich von einem Immobilienfonds spreche, dann meine ich einen sogenannten offenen Immobilienfonds. In einen solchen offenen Immobilienfonds können Sie sich schon mit kleinen Beträgen beteiligen. Man muss kein Eigenkapital besitzen oder Schulden machen um einen Immobilienfonds zu erwerben. Und die Streuung bei einem Immobilienfonds ist natürlich auch wesentlich größer. Während Sie bei Ihrer realen Immobilie auf Gedeih und Verderb an die Lage und das Umfeld gebunden sind, ist dies bei der Vielzahl von Liegenschaften in einem Immobilienfonds eben viel breiter gestreut.

Wie gesagt rede ich von offenen Immobilienfonds. Bei sogenannten geschlossenen Beteiligungen in Immobilien sind Sie einfach zu vielen weiteren Faktoren ausgeliefert. Unter anderem auch der Fähigkeit des Fondsinitiators. Bei einem offenen Immobilienfonds natürlich auch, aber hier ist die Streuung doch wesentlich größer als bei einer geschlossenen Beteiligung. Damit würde eine schlechtere Immobilie nicht so sehr ins Gewicht fallen, als wenn ich nur ein bis zwei Objekte in einem geschlossenen Immobilienfonds habe. Somit kommt für mich persönlich nur eine Anlage in offene Immobilienfonds in Frage. Interessant finde ich an dieser Anlagemöglichkeit, dass sie in den letzten Jahrzehnten damit sehr stabile Erträge erzielen konnten. Diese Erträge bewegten sich so zwischen 2 und 3,5 Prozent und waren nur selten darunter. Aktuell würde das bedeuten, dass Sie mit einem Immobilienfonds die derzeitige Inflation in Höhe von 2 % ausgleichen könnten. Einziges Manko bei dieser Anlageform wäre, dass es seit 2013 eine gesetzliche Mindesthaltefrist von 24 Monaten, sowie eine Kündigungsfrist von 12 Monaten gibt. Somit müssten Sie unter Umständen etwas länger auf Ihre Auszahlung warten. Sie könnten aber versuchen Ihre Anteile über die Börse zu verkaufen. Dann kämen Sie wesentlich schneller an Ihr Geld, müssten dazu aber Ihre Anteile auf Ihr Bankdepot umbuchen lassen. Es fallen zwar dann noch Börsengebühren an, aber meistens ist der Rücknahmepreis höher als wenn Sie die Anteile über Ihre Fondsgesellschaft verkaufen, da für den Käufer kein Ausgabeaufschlag anfällt, denn Immobilienfonds gibt es eigentlich nur mit Ausgabeaufschlag. Deshalb spielt für mich die Mindesthaltedauer von 24 Monaten keine Rolle, denn in diesen zwei Jahren muss ich zunächst einmal den Ausgabeaufschlag reinholen. Dafür verdient man ab diesem Zeitpunkt dann auch sehr stabil. Wie schon erwähnt würde ich 15-25 % in diese Anlageklasse investieren. Kauft man eine Eigentumswohnung oder sogar ein Haus zum Vermieten, so ist das Verhältnis natürlich höher. Ich betrachte in dieser Säule nur die Investition in offene Immobilienfonds.

Wir haben nun alle wichtigen Anlageklassen durchgesprochen und ich hoffe ich konnte Ihnen die einzelnen Merkmale und Besonderheiten jeder einzelnen Möglichkeit gut vermitteln. Haben Sie schon die passenden Stückchen zu Ihrem Vermögenskuchen gefunden? Wenn ja würde mich das sehr freuen. Werfen wir im kommenden Abschnitt noch einen Blick auf Ihre möglichen Ängste vor den Risiken, welche einige Anlageformen mit sich bringen können. Ich möchte Ihnen hier einfach die Sicherheit geben, auch bei fallenden Kursen ruhig zu bleiben. Das wäre sehr wichtig, um den längerfristigen Erfolg Ihrer Vermögensstrukturierung zu gewährleisten.

Kapitel 11

Kursrückgang = knallende Sektkorken – Keine Angst vor fallenden Märkten!

Mir ist absolut bewusst, dass diese Überschrift ein wenig provokant ist. Aber ich möchte Sie damit wachrütteln, Sie an die Hand nehmen und Ihnen zeigen, dass Sie keine Angst vor fallenden Märkten und Kursen haben müssen. Ich habe das ja schon in den vorherigen Kapiteln angedeutet wie das gehen könnte und möchte in diesem Abschnitt noch genauer darauf eingehen.

Sie haben bisher, so hoffe ich zumindest, eine Vielzahl an Informationen rund um die Geldanlage erhalten. Sie haben erfahren, wie Sie Ihre passende Anlage finden und Ihr Vermögen strukturieren können. Sie haben auch die verschiedenen Möglichkeiten kennengelernt, wie Sie Ihre Geldanlage vor Kursschwankungen schützen können: mit einem Ansparplan. Und genau darauf möchte ich näher eingehen. Wie ich schon in den vorherigen Abschnitten empfohlen habe, sollten Sie zu jeder Einmalanlage in einen Investmentfonds der Anlageklasse 3 (risikobereit) und auch ruhig in Fonds der Anlageklasse 2 einen Ansparplan über mindestens 24 Monate, optimaler sogar bis 36 Monate einrichten. Dieser Ansparplan muss nicht von Ihren laufenden Einnahmen wie Ihr Gehalt oder Ihrer Rente bezahlt werden.

Sie halten einfach einen Teil Ihrer Anlagesumme zurück und speisen daraus Ihren monatlichen Ansparplan. Beispielsweise wollen Sie 100 Euro monatlich als Ansparplan einrichten, so nehmen sie diesen Betrag mal den Monaten wie lange der Ansparplan laufen soll (am besten 36 Monate) und schon haben Sie die Gesamtsumme (3.600 Euro). Der wesentliche Grund für einen solchen Ansparplan ist der bereits besprochene „Cost-Average-Effekt", der Durchschnittspreiseffekt. Wie er funktioniert, habe ich Ihnen ja schon dargestellt. Zur Erinnerung nochmal ein weiteres Beispiel hierfür: stellen Sie sich vor, sie würden jede Woche um genau 20 Euro tanken. Ja ich weiß, damit kommt man heutzutage nicht mehr weit, aber es soll ja nur ein Beispiel sein und wahrscheinlich fahren Sie ja hauptsächlich nur zur Arbeit unter der Woche. Also Sie tanken jede Woche für 20 Euro und da ja die Spritpreise schwanken, bekommen Sie bei einem Spritpreis von 1,29 Euro natürlich mehr Liter für Ihre 20 Euro als bei einem Spritpreis von 1,39 Euro. Wenn Sie also konsequent jede Woche für 20 Euro tanken, womöglich auch noch immer am selben Tag, werden Sie so einen Durchschnittspreis erzielen. Dieser Durchschnittspreis sinkt nach unten, falls Sie zu immer niedrigeren Preisen tanken. Genauso verhält es sich mit Ihren Einstiegspreisen in Ihrem Fondsdepot.

Schauen wir uns zur Veranschaulichung einmal die folgende Grafik an:

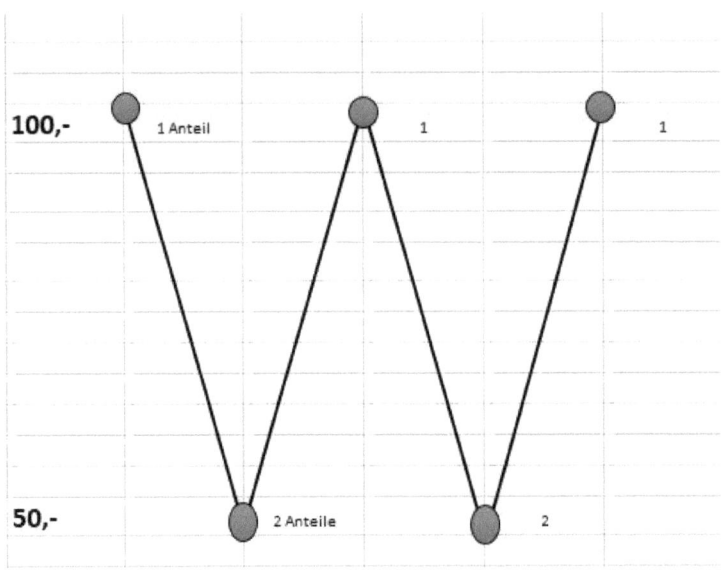

(Quelle: eigene Darstellung Jürgen Reichstein am 03.05.2020)

Sie sehen hier eine Darstellung, welche ich gerne als „WOW-Effekt" vorstelle. Sie erklärt Ihnen perfekt die Thematik des „Cost-Average-Effekts". Stellen Sie sich bitte einen imaginären Kursverlauf in einem „W" vor und wir beginnen oben links mit 100,- Euro monatlich und einem ersten beispielhaften ersten Kurs von 100,- Euro (oben links).

Somit erwerben Sie im ersten Monat genau einen Anteil, da Ihre 100,- Euro bei einem Anteilspreis von 100,- eben diesen einen Anteil ergeben. Wenn der Kurs nun (imaginär) auf 50,- Euro fällt (was ein sehr unrealistisches Beispiel ist, da kaum ein Kurs solche extremen Schwankungen aufweist, aber es ist ein leicht verständliches Beispiel) dann bekomme ich schon 2 Anteile in mein Depot (100 Euro: 50 Euro Anteilspreis = 2 Anteile). Danach steigt der Kurs wieder auf 100,- (ebenfalls eher unwahrscheinlich, aber gut zu rechnen und zu verstehen) und Sie bekommen wieder einen Anteil. Den weiteren Verlauf können Sie ja selbst nachvollziehen, er fällt noch einmal auf 50,- und steigt danach wieder auf 100,- Somit ergibt sich folgende Berechnung: Sie haben in diesen 5 Monaten bzw. Zeiträumen 3-mal zu einem Anteilspreis von 100,- Euro gekauft und 2-mal zu einem Anteilspreis von 50,- Euro. Somit besitzen Sie 7 Anteile. Diese haben einen aktuellen Wert von 100,- Euro und somit haben Sie einen Depotbestand von 700,- Euro. Eingesetzt haben Sie aber lediglich die 5 mal 100,- Euro, also 500,- Euro. Das macht nach Adam Riese einen Gewinn von 200 Euro. Das ist der sogenannte „Cost-Average-Effekt". Wenn wir das Ganze noch so betrachten, dass bei einem stärker sinkenden Kurs der Profit noch höher wäre, denn bei beispielsweise 25,- Euro hätten Sie ja schon 4 Anteile erhalten, dann wird Ihnen schnell klar, warum ein Sparplan so effektiv bei fallenden Kursen ist.

Er kauft für Sie automatisch zu günstigeren Kursen und Preisen ein, wenn diese fallen. Quasi wie ein Autopilot.

Oder wie eine kluge schwäbische Hausfrau, die dann mehr Waschmittel einkauft, wenn es im Angebot ist. Selbst wenn wir nur das erste „V" von dem „W" nehmen, also die erste Ab- und Aufwärtsbewegung wären Sie schon gut im Plus. Ich hoffe Sie erkennen nun, warum es so wichtig ist einen Ansparplan mit in Ihre Anlageentscheidung fließen zu lassen. Jetzt könnte der ein oder andere sagen, was ist, wenn die Kurse nur steigen? Oder sogar erst steigen und dann fallen? Sollten die Kurse nur steigen sind Sie erstmal sowieso im Plus. Und wenn die Kurse erst steigen und dann fallen, dann sollten Sie sich an meine vorherigen Ausführungen erinnern, als ich Ihnen nähergebracht habe, wie wichtig der Faktor Zeit bei einer Geldanlage in Investmentfonds ist. Dann sitzen Sie das „einfach" aus und Ihr Ansparplan kauft in dieser Zeit automatisch günstig nach. Somit landen Sie schneller im Plus als wenn Sie mit einer Einmalanlage in ein solches Szenario geraten würden. Hier noch eine kleine Verständnisabfrage: Was glauben Sie ist bei den drei folgend aufgeführten Kursverläufen für einen monatlichen Ansparplan der Erfolgreichste?

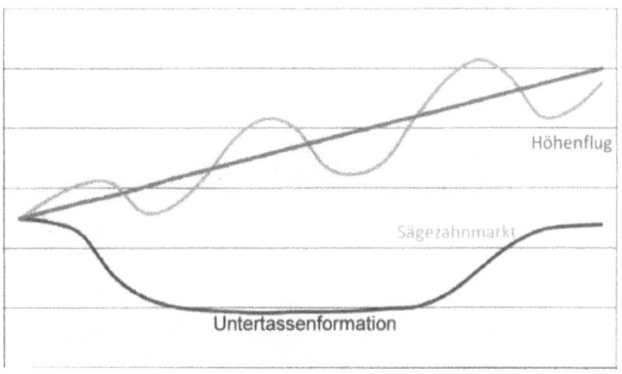

Höhenflug

Sägezahnmarkt

Untertassenformation

(Quelle: eigene Darstellung Jürgen Reichstein am 03.05.2020)

Ich bin gespannt, ob Sie inzwischen die richtige Antwort nach meinen Ausführungen in diesem Kapitel finden werden. Also 1, 2 oder 3? Der erfolgreichste Kursverlauf von diesen drei Möglichkeiten ist, wer hätte es gedacht (Trommelwirbel): Kursverlauf Nummer 3! Wenn wir davon ausgehen, dass bei allen drei Kursverläufen monatlich 100,- Euro als Ansparplan investiert werden, so erwerben Sie bei Kursverlauf 3 die meisten Anteile. Und obwohl der letzte Kurs UNTER Ihrem Einstiegskurs liegt, ist Sie von allen drei Varianten hier am deutlichsten im Plus. Hier haben Sie die meisten Anteile gekauft und haben den meisten Profit. Faszinierend, nicht wahr? Den rechnerischen Nachweis hierzu erspare ich Ihnen, denn ich finde Ihn für dieses Buch zu unübersichtlich. Ich hoffe, Sie glauben mir dennoch, denn alleine schon die Begründung mit den meisten gekauften Anteilen ist bereits sehr einleuchtend.

Wenn Sie viele Anteile durch fallende Kurse gekauft haben, kommen Sie viel schneller ins Plus. Und das ist ein wesentlicher Schlüssel zu Ihrem Erfolg bei der Geldanlage. Deshalb sollten Sie immer einen Ansparplan mit in Ihre Geldanlage aufnehmen. In ein paar Jahren werden Sie die Früchte Ihrer Entscheidung ernten!

Ich hoffe nun, dass Sie meine etwas provokante Überschrift, die Sektkorken bei fallenden Kursen knallen zu lassen, gut nachvollziehen können und ich Ihnen die Angst vor einem Szenario der Kursrückgänge zumindest ein Stück weit nehmen konnte.

Und dass die Kurse irgendwann einmal wieder steigen werden, können Sie mir inzwischen hoffentlich bestätigen. Sie wissen ja, dass unser Wirtschaftssystem auf Wachstum ausgerichtet ist, und die Unternehmen somit längerfristig wachsen werden. Damit steigen auch die Kurse dieser Unternehmen.

Nach diesem Kapitel haben Sie nach meiner Überzeugung nun das Rüstzeug, um für sich die richtige Anlageform und den richtigen Anlagemix zu finden. Ich wünsche Ihnen dabei ein glückliches Händchen und die richtige Auswahl. Dass Ihnen dies gelingt, davon bin ich felsenfest überzeugt, sofern Sie die Ausführungen aus meinem Buch umsetzen. Während ich dieses Buch schreibe, kommt es zur sogenannten „Coronakrise". Da auch mich diese Krise überrascht hat, werde ich im nächsten Kapitel auf meine Einschätzung der Situation und die eventuellen Auswirkungen auf Ihre Anlageentscheidungen eingehen.

Kapitel 12

Die aktuellen Ereignisse und die Auswirkungen auf Ihre Anlageentscheidung

Während ich dieses Buch schreibe, kommt es zur sogenannten „Corona-Krise" mit dem COVID-19 Virus. Und wie alle Krisen zuvor ist auch diese Krise ein noch nie dagewesenes Ereignis. Ich konnte mir früher auch nicht vorstellen, dass einmal Banken wie Dominosteine umfallen und Pleite gehen (2008), das ganze Länder in Europa bankrott sind und der Euro ernsthaft gefährdet sein könnte (2001) oder dass das World Trade Center, in dem ich schon einmal persönlich war, nicht mehr steht. All das konnte man sich nicht vorstellen, und so ist es auch bei dieser Krise. Immer wieder heißt es dann: „So schlimm war es noch nie" und „das wird sich nicht mehr erholen". Doch einiges ist diesmal anders. Zumindest im Verhalten der Anleger. Viele Banken bestätigen mir, dass die Anzahl der Depotneueröffnungen in dieser Krise stark zugenommen hat. Die Leute scheinen tatsächlich bei fallenden Kursen Einzelwerte zu kaufen. Und es fällt auf, dass eine Panik bei den bereits investierten Anlegern ausbleibt. Zumindest im großen Ausmaß. Im Jahr 2008 und auch 2001 und die folgenden ein bis zwei Jahre danach gab es regelrecht Warteschlangen vor den Bankschaltern, weil die Anleger so schnell wie möglich aus den Märkten aussteigen wollten.

Das ist diesmal nicht so extrem und liegt mit Sicherheit auch daran, dass viele von den vorherigen Krisen gelernt haben. Sie haben gelernt, dass nach jeder Krise und jedem Einbruch wieder ein Aufschwung kommt, und dass eine Krise eigentlich eher eine gute Kaufgelegenheit bietet. Außerdem haben viele Anleger vorher schon einen Ansparplan installiert und wissen, dass Sie bei fallenden Kursen günstig nachkaufen.

Im chinesischen ist das Zeichen für Krise und das Zeichen für Chance das Gleiche. Und so sollten Sie es auch betrachten. Ich denke, dass uns das Thema COVID-19 noch eine längere Zeit verfolgen wird und die genauen folgen sind heute (Mai 2020) noch nicht absehbar. Ich bin mir aber sicher, dass sich die Wirtschaft auch von dieser Krise erholen wird und dass es sich das Meiste in ferner Zukunft wieder normalisieren wird. Eines weiß ich aber sicher: so günstig wie bei einem Aktiencrash wie diesem kaufen Sie auf eine Sicht von 10-15 Jahren vermutlich nicht mehr, deshalb waren und sind das für mich Kaufkurse. Ich möchte Ihnen meine Einstellung noch einmal mit einem weiteren Schaubild verdeutlichen.

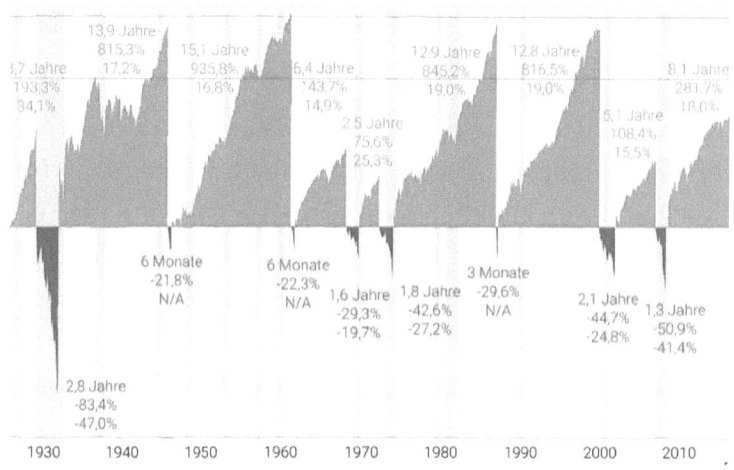

(Quelle: de.scalable.capital Stand 02.07.2020)

Sie sehen, dass nach jeder größeren Börsenkrise, und war Sie noch so schlimm, eine starke Aufwärtsphase folgte. Ich hoffe Sie glauben auch dieses Mal daran und hatten den Mut zu investieren, falls Sie das schon länger geplant haben. Diese Erkenntnisse gelten für mich auch für die nächste Krise. Egal wie schlimm es aussieht, sie wird eines Tages überwunden sein und dann werden die Gewinne der Unternehmen zurückkehren und die Kurse dadurch steigen. Dass das ein oder andere Unternehmen dabei auf der Strecke bleibt, gehört leider dazu. Ich bedauere jede Unternehmensschließung. Einer meiner Leitsätze ist, wenn es uns allen gut geht, geht es uns allen gut. Es tut mir dann eben leid um die Mitarbeiter und um die Firmenbesitzer.

Aber ich bin mir auch sicher, dass alle wieder Ihren Platz in der Arbeitswelt finden werden.

Genauso wie ich hoffe, dass Sie in keiner Krise den Mut verlieren, weder zu einem sorgenfreien Leben, noch für eine Investition in Aktien oder Aktienfonds. Wir haben einen so großen Selbsterhaltungstrieb, dass wir jede Krise meistern können und werden! Ich bin überzeugt, dass wir auch aus dieser Situation mit diesem schrecklichen Virus unsere Lehren ziehen und gestärkt daraus wieder hervor gehen werden.

Kapitel 13
Und wie geht es jetzt weiter?

Mit dieser Frage meine ich nicht, dass ich Ihnen jetzt die Börsenkurse der nächsten 20 Jahre vorhersage, sondern meine eher Ihr persönliches Vorgehen. Wie können Sie jetzt weiter machen, wenn Sie sich konkret dazu entschieden haben zu investieren. Da ich davon ausgehe, dass Sie bereits einen Überblick über Ihre Vermögenswerte haben sollten Sie sich vorab schon einmal Gedanken machen, wieviel Sie denn in jede einzelne Säule Ihres Finanzhauses investieren möchten. Falls Sie noch keinen Überblick haben, dann fangen Sie damit an und schreiben alles auf eine Liste. Machen Sie sich auch schon vorab darüber Gedanken, wieviel Sie in risikoreichere Anlagen investieren möchten und wie hoch die Ansparrate sein könnte. Wenn Sie Ihre Ansparrate haben, nehmen Sie sie einfach mal der Monate wie lange der Ansparplan laufen soll, am besten 36 Monate.

Und dann gehen Sie zu Ihrer Hausbank. Oder auch zu Ihrem Anlageberater dem Sie vertrauen, wobei ich vorab immer zuerst mit meiner Hausbank reden würde. Nichts gegen die freien Anlageberater in Deutschland, aber ich denke, dass Ihre Hausbank der erste Ansprechpartner für Ihre finanziellen Angelegenheiten sein sollte. Natürlich gibt es ganz hervorragende freie Anlageberater.

Die meisten von diesen hervorragenden Beratern haben übrigens eine Ausbildung zum Bankkaufmann. Sie sehen, eine Fachausbildung ist absolut wichtig in diesem Bereich. Und ein Bankberater ist ein Fachmann, also bitte zuerst zur Hausbank. Ich selbst präferiere die Volks- und Raiffeisenbanken sowie die Sparkassen. Ich empfinde diese Banken als sehr volksnah. Die Berater wohnen meistens im selben Ort und sind somit auch im Fokus der Gemeinde in der sie leben. Auch sind die Bankberater top geschult in den Produktlösungen, die Sie Ihnen anbieten. Und ich kenne keinen Berater einer Volks- und Raiffeisenbank oder Sparkasse der nicht in einem hohen Maße überzeugt von den Lösungen ist, die er Ihnen anbietet. Die meisten von den Beratern haben oft selbst diese Anlagen, welche sie Ihnen anbieten. Ich fühle mich einfach in den Banken einfach wohler und besser aufgehoben mit meinen Geldangelegenheiten. Entscheiden Sie hier nach Ihrem Bauchgefühl zu wem Sie gehen möchten, falls Sie die Auswahl haben. Lassen Sie sich von Ihrem Berater seinen Vorschlag für Ihren Anlagewunsch aufzeigen. Sie sollten aber verstehen, was mit Ihrem Geld gemacht wird, zumindest im Überblick. Zu sehr ins Detail zu gehen würde Sie vielleicht nur verwirren. Aber Sie sollten all Ihre Fragen beantwortet bekommen und sich die Chancen und Risiken klar aufzeigen lassen. Das Ganze wird ja auch dokumentiert und somit haben Sie nochmal eine Zusammenfassung über das Besprochene.

Achten Sie darauf, dass dabei Ihre Wünsche beispielsweise über die Aufteilung der Anlageklassen berücksichtigt werden. Dabei sollten Sie aber auch offen für Vor-
schläge und Ergänzungen Ihres Beraters sein. Hören Sie
sich sorgfältig seine Begründungen an und entscheiden
Sie wie Sie sich damit fühlen. Wenn es sich richtig und gut
anfühlt und überwiegend mit Ihren Wünschen überein-
stimmt können Sie sich darauf einlassen, immer vorausgesetzt Sie verstehen grundsätzlich die Lösung mit seinen
Chancen und Risiken. Ich möchte Sie noch bitten, sich
nicht zu sehr an den Kosten aufzuhängen, wenn diese
Ihnen Ihr Berater mitteilt. Gemanagte Investmentfonds
kosten nun mal Geld, und es ist ja auch berechtigt, da
viele Investmentfonds oftmals den Vergleichsindex die
sogenannte Benchmark schlagen.

Nach meiner Erfahrung liegen die meisten Ausgabeaufschläge zwischen 0 % und 5 %, und die Verwaltungsver-
gütungen bei 0,9 % bis 1,60 % im Jahr. Manchmal gibt es
auch eine sogenannte erfolgsabhängige Vergütung für
das Fondsmanagement. Auch das ist in Ordnung, denn Sie
wird erst fällig, wenn das Fondsmanagement die Benchmark deutlich schlägt, und der Anleger erhält den größeren Anteil an diesem Mehrertrag. Die laufenden Gesamt-
kosten sollten so um die 2- 2,5 % liegen, das wäre in Ordnung. Sie müssen diese laufenden Kosten nicht direkt tra-
gen oder bezahlen, sie werden mit Ihrer Anlage intern
verrechnet.

Die Ausgabeaufschläge werden direkt von Ihrer Anlagesumme abgezogen. Fragen Sie immer nach, ob es den angebotenen Fonds auch ohne Ausgabeaufschlag gibt. Bei einer Haltedauer von 12 bis 14 Jahren lohnen sich Fonds ohne Ausgabeaufschlag. Sollten Sie einen Fonds länger halten, wobei Sie das heute leider noch nicht wissen können, wäre ein Fonds mit Ausgabeaufschlag günstiger. Den besseren Fall für Sie rechnet Ihnen Ihr Berater aus. Ich persönlich würde immer ohne Ausgabeaufschlag bevorzugen, da ich nicht weiß ob ich in den nächsten 14 Jahren nicht doch einmal Geld aus meinem Depot benötige und somit liegt das unter dem sogenannten Breakeven. Bei Fondssparplänen für Kinder kann man durchaus auf Fonds mit Ausgabeaufschlag zurückgreifen, da die Laufzeit oftmals höher als 14 Jahre liegt.

Wenn Sie dann die Anlage getätigt haben, tun Sie sich bitte selbst den gefallen und schauen höchsten zwei bis dreimal im Jahr auf Ihren Depotbestand, am besten wenn Ihr Jahresauszug kommt und in den ein bis zwei Jahresgesprächen mit Ihrem Berater. Halten Sie es wie André Kostolany, der die Einstellung hatte, dass man Akten kaufen und erst nach 10 Jahren wieder draufschauen sollte. Machen Sie sich nicht unnötig nervös. In den Jahresgesprächen mit Ihrem Berater können Sie sich einen Überblick verschaffen und Ihr Berater wird Ihnen eine Handlungsempfehlung geben, falls dies notwendig ist.

Glauben Sie bitte daran, was wir hier die ganze Zeit besprochen haben, dass langfristig die Wirtschaft und die Kurse der Unternehmen steigen. Bei einem Depot mit Einzelaktien können Sie Unternehmen welche nicht zu den Bluechips oder Standardwerten gehören schon im Auge behalten. Insbesondere wenn es sich um einen „Geheimtipp" eines Freundes oder Arbeitskollegen handelt. Da würde ich schon öfter drauf schauen. Bei Einzelaktien können Sie auch mit sogenannten Stop Loss Limits arbeiten, Ihr Berater gibt Ihnen hierzu die entsprechenden Informationen. Vielleicht noch einen Gedanken, wenn Sie dann einmal gut im Plus sind. Sollte das der Fall sein, kann man so einen Gewinn auch mitnehmen, denn davon ist noch keiner arm geworden. Das können Sie so umsetzen, dass Sie den Gewinn in eine defensivere Anlageform geben und den ursprünglichen Anlagebetrag weiterlaufen lassen. Oder auch umgekehrt, den ursprünglichen Anlagebetrag in eine defensivere Anlageform und den Gewinn weiterlaufen lassen. Oder Sie gönnen sich was Schönes vom Gewinn. Das ist natürlich auch in Ordnung. Ich hoffe nun sehr, dass Sie bald den Weg zu Ihrem Berater finden und für sich die richtige Anlageentscheidung treffen. Und sollte einmal eine Anlage nicht wie gewünscht laufen, aber bitte nur über einen längeren Zeitraum, dann lassen Sie sich über Alternativen beraten. Denken Sie daran, dass das Sparbuch oder Festgeld die schlechteste Lösung für Ihr nicht benötigtes Geld ist.

Also vereinbaren Sie sobald wie möglich einen Termin mit Ihrem Berater, damit das Ganze nicht unnötig aufgeschoben wird. Je länger Sie damit warten, desto wahrscheinlicher werden Sie Ihr Vorhaben nicht umsetzen. Natürlich müssen Sie sich auch in Ruhe Ihre Gedanken hierzu machen, aber Sie können in einem ersten Gespräch ja schon mal die ersten Informationen sammeln und einen Eindruck über Ihren Gesprächspartner bekommen. Denn Sie sollten bei Allem ein gutes Gefühl haben, da wir die meisten Entscheidungen nach unserem Bauchgefühl treffen. Ein gutes Bauchgefühl ist wichtig. Also achten Sie ruhig darauf. Sie werden dann recht schnell erkennen, was das Richtige für Sie ist. Übrigens halte ich nicht allzu viel davon zu viele sogenannte „Expertenmeinungen" zu einem Thema einzuholen. Zu viele Köche verderben den Brei und es wird jeder einzelne eine eigene Meinung hierzu haben. Besprechen Sie sich hauptsächlich mit Ihrem Partner, sofern Sie Ihre Finanzen miteinander teilen. Sie dürfen auch gerne einen Bekannten Ihres Vertrauens mit hinzuziehen, sofern sich dieser nachweisliche mit dem Thema auskennt. Aber bitte dann nicht noch mehr Meinungen einholen, wie am Stammtisch zum Beispiel. Das wird Sie nur verunsichern. Ihr Anlageberater wird Ihnen alles Notwendige darlegen und es wird auch alles dokumentiert. Somit können Sie sicher sein, dass es erst dann zu einem Abschluss kommt, wenn Sie alles verstanden haben und Sie ein gutes Gefühl dabei haben. Also packen Sie´s an und warten nicht länger, denn Sie wissen ja, Zeit ist Geld!

Kapitel 14
Alles hat ein Ende…

Sie wissen ja, dass alles einmal ein Ende hat und so sind wir auch am Ende meines Buches angelangt. Wir haben uns über die Japaner, welche schon lange mit Nullzinsen leben, die Inflation und Ihre Auswirkungen auf Ihre Geldanlage sowie Ihre Einstellung und Denkmuster zu Geldanlagen unterhalten. Ich habe Ihnen aufgezeigt, dass es nichts bringt Ihr Geld unter Ihrem Kopfkissen oder im Tresor zu Hause aufzubewahren und wir haben Ihre tatsächliche Risikobereitschaft beleuchtet. Wie Sie Ihr Vermögen richtig strukturieren und die passende Anlage für sich zu finden war ebenfalls Inhalt dieses Buches. Und wir haben uns über den Sinn von Ansparplänen und dass Sie mit diesen keine Angst vor Kursrückschlägen mehr zu haben brauchen auseinandergesetzt. All das waren die Themen in diesem Buch. Ich hoffe, nein ich wünsche mir, dass Sie mit diesem Buch einen Ratgeber haben, der Ihnen beim Finden einer passenden Geldanlage sehr behilflich ist. Sie müssen nicht alles für gut befinden, was ich so geschrieben habe oder der gleichen Meinung sein wie ich. Mir würde es schon reichen, wenn auch nur eine Idee, oder eine Formulierung dazu führt, dass Sie mit Ihrer Geldanlage zukünftig erfolgreich sein werden.

Damit wäre mein Ziel mit diesem Buch erreicht. Ich verspreche Ihnen, ich habe jeden Satz so gemeint wie er geschrieben wurde und ich habe Ihnen hier meine ganze Erfahrung zu diesem Thema mitgegeben. Ich bin deshalb überzeugt, dass es den meisten Lesern in irgendeiner Form weiterhelfen wird. Wenn Sie das Bedürfnis verspüren mir eine Botschaft zu senden, sei es weil Sie ein Lob oder Kritik loswerden möchten, oder weil Sie eine Frage zu einem Thema haben so können Sie mich unter vbi-reichstein@web.de kontaktieren. Ich werde auf alle Anfragen eingehen.

Ich wünsche Ihnen viel Erfolg bei all Ihren Vorhaben, vor allem bei der Geldanlage und würde mich über die eine oder andere Erfolgsmeldung sehr freuen, bleiben Sie gesund und mutig, herzlichst Ihr

Jürgen Reichstein

Rechtliche Hinweise/Impressum

© / Copyright: 2020 Jürgen Reichstein

Erstauflage 2020
Umschlaggestaltung, Illustration: Angela Sendler
Lektorat, Korrektorat: Angela Sendler

Verlag: BoD – Books on Demand, Norderstedt

Druck: BoD – Books on Demand, Norderstedt

ISBN Paperback: 978-3-7519-5688-8
ISBN Hardcover: 978-3-7519-5688-8
ISBN E-Book: 978-3-7519-5688-8

Quellenverzeichnis

Seite 9: „Leitzins Eurozone", Quelle: www.leitzinsen.info, Datenquelle: EZB, am 10.06.2020

Seite 12: „Zinschart Leitzinsen Japan", Quelle: eigene Darstellung Jürgen Reichstein am 03.05.2020

Seite 18: „Inflationsrate für Deutschland", Quelle: www.tagesgeldvergleich.com/Inflation-Inflationsrate, Datenquelle: Statistisches Bundesamt am 09.06.2020

Seite 37: „Risikoklassen" Quelle: eigene Darstellung Jürgen Reichstein am 10.06.2020

Seite 39: „Risikoklassen mit Anlagedreieck" Quelle: eigene Darstellung Jürgen Reichstein am 10.06.2020

Seite 40: „Fondsvergleich", Quelle: www.fondsvergleich.de/fondsvergleich am 02.03.2020

Seite 49: „Wertentwicklung im Kalenderjahr in Prozent", Quelle: Datastream Union Investment Service GmbH, vom 01.02.2020

Seite 54: „Vermögensstruktur", Quelle: www.union-investment.de/startseite/anlegen/vermoegen_strukturieren am 10.06.2020

Seite 55: „Vermögensstruktur in der Praxis", Quelle: www.slideplayer.org/slide/14131383 Union Investment, Seite 15 Vermögensstruktur, am 10.06.2020

Seite 68: „Wow-Effekt", Quelle: eigene Darstellung Jürgen Reichstein am 03.05.2020

Seite 70: „Erfolgreichster Chartverlauf", Quelle: eigene Darstellung Jürgen Reichstein am 03.05.2020

Seite 75: „Auf- und Abschwungphasen des S&P 500 seit 1928", Quelle: Bloomberg, Union Investment Service GmbH Stand 31.03.2020, am 09.06.2020